Hermann Pohlmeier (Hrsg.)
Selbstmordverhütung

von Günther Stöcklin

HERMANN POHLMEIER (Hrsg.)

SELBSTMORD-VERHÜTUNG

Anmaßung oder Verpflichtung

Mit Beiträgen von
Jean Améry
Gabriele Wohmann
Hermann Pohlmeier
Klaus-Peter Jörns
Rainer Welz
Claus Roxin
Erwin Ringel
Gernot Sonneck
Artur Reiner
Wilma Kottusch

Keil Verlag

Foto des Umschlags: Hans-Georg Krauth

1. Auflage

Gesetzt aus der Aldus Buchschrift der Linotype GmbH
Gesamtherstellung: Mohndruck, Reinhard Mohn OHG, Gütersloh
Printed in Germany
ISBN 3-921591-03-1

Inhalt

Vorwort des Herausgebers und Standortbestimmung einer öffentlichen Diskussion

Vom 16. bis 18. September 1977 fand in den Räumen der „Katholischen Akademie Hamburg" und unter ihrer Mitveranstaltung die fünfte Jahrestagung der „Deutschen Gesellschaft für Selbstmordverhütung" (DGS) statt. Verantwortlich für beide Gremien waren der Direktor der Akademie, Dr. *Günter Gorschenek* und der Präsident der DGS, Professor Dr. med. *Hermann Pohlmeier*. Die Tagung stand unter der Herausforderung von *Jean Améry*, der mit seinem Buch „Hand an sich legen – Diskurs über den Freitod" die Berechtigung der Selbstmordverhütung radikal in Frage gestellt hatte. Das war für die Veranstalter Anlaß, über die Problematik der Selbstmordverhütung nachzudenken und die Fragen der Berechtigung, der Verpflichtung, der gesellschaftlichen Beeinflussung, der Auffassung von Krankheit und der Religion an die Selbstmordverhütung zur Diskussion zu stellen. Das geschah am Freitagabend zur Eröffnung mit einer Podiumsdiskussion, an der *Jean Améry, Gabriele Wohmann, Artur Reiner, Erwin Ringel, Claus Roxin, Hermann Pohlmeier* und etwa 550 Zuhörer teilnahmen. Auszüge aus dieser Podiumsdiskussion und die Einleitung des Moderators *Klaus-Peter Jörns* sind in diesem Band abgedruckt. Der Vollständigkeit und des Zusammenhangs wegen sei darüber hinaus der Gesamtverlauf der Diskussion kurz zusammenfassend dargestellt.

Zwei Schwerpunkte und Begriffe standen im Vordergrund: Freiheit und Krankheit. *Améry*, vor allem dem Existentialismus von *Jean-Paul Sartre* verpflichtet, verfocht leidenschaftlich die Freiheit in der Selbstmordhandlung und folgerte daraus das Verbot, den Menschen an dieser Freiheit zu hindern. *Gabriele Wohmann* mißtraute dieser Freiheit und fand die Menschen ihrer Kenntnis und Erfahrung nach leidend und gar nicht frei. Die beiden Psychiater *Ringel* und *Pohlmeier* vertraten et-

was verschiedene Auffassungen von Krankheit und bewerteten Freiheit anders. *Ringel* sieht fast jeden Selbstmord als Krankheit oder Symptom einer Krankheit und hält die Fälle von freier Entscheidung für die Ausnahme. Seiner Erfahrung nach ist die Selbstmordhandlung eine Zwangshandlung, und wer das anders sieht, bezichtigt er des Unverständnisses. Demgegenüber ging *Pohlmeier* davon aus, daß *Améry* sehr wohl etwas von Selbstmord verstünde, weil er im Konzentrationslager persönlich damit konfrontiert wurde. Darüber hinaus schlug er mit Bezug auf den Humanismusbrief von *Sartre* aus dem Jahre 1947 vor, Freiheit ontologisch zu verstehen und nicht als Gegensatz zum Zwang. Dann versteht sich Freiheit nämlich als Verantwortung für sich selbst und meint den anderen mit, dann kann man Freiheit als Akt der Humanität verstehen und hat eine Alternative zur Willkür. So ist wohl der Ansatz von *Améry* zu sehen, mit dem er die Selbstmorddiskussion befruchten kann. Denn die Rechnung mit der „unfreien Krankheit" geht nicht mehr ganz auf. Zwar kämpfte *Ringel* leidenschaftlich dafür, den Selbstmord als Krankheit einzuschätzen, aber gegen deren Diskriminierung.
Doch muß für die Selbstmordhandlung ein Freiraum außerhalb der Medizin bleiben, im Bereich menschlicher Problemlösung, was vor allem auch der politische Selbstmord zeigt, was auch die Achtung vor der freien Entscheidung der Persönlichkeit verlangt. Das betonte *Pohlmeier* wiederholt und hat inzwischen durch die Selbstmorde von *Andreas Baader, Gudrun Ensslin* und *Jan-Carl Raspe** in Stammheim besondere aktuelle

* Inzwischen hat Ingrid Schubert in Stadelheim (München) ebenfalls Selbstmord verübt, und die Frage wird immer drängender, wie es mit dem politischen Selbstmord steht. In den genannten Fällen ist schwer zu entscheiden, ob nicht die Aussichtslosigkeit einer Befreiung, die Aussichtslosigkeit einer

Bedeutung erlangt. Aus juristischer Sicht wies *Roxin* darauf hin, daß nur dann, wenn grundsätzlich die Selbstmordhandlung als freie Handlung möglich sei, eine Beteiligung am Selbstmord straffrei bleiben könne. Die Errungenschaft der juristischen Wissenschaft, Selbstmord außerhalb des straffreien Raumes zu belassen, ist an dessen Freiheitlichkeit gebunden. Dem Kranken gegenüber dagegen muß der Gesetzgeber Normen setzen. Vom Theologen *Reiner* kam ganz klar die Auskunft, daß es ein Recht auf Sterben wie auf Leben gäbe.
Nach dem Podiumsgespräch wurde dann das Publikum in die Diskussion mit einbezogen. Die Zuhörer baten das Podium um die eine oder andere speziellere Auskunft zu den angesprochenen Fragenkomplexen. Insgesamt schien die Diskussion einen hohen Informationsgehalt gehabt und zunächst unversöhnliche Standpunkte einander nähergebracht zu haben. *Améry* war in der Höhle der Suizidforscher nicht zerrissen worden, diese umgekehrt gingen nachdenklicher an ihre Arbeit. Im Publikum war Interesse und Betroffenheit geweckt.
So war die Diskussion eine gelungene Einleitung zur speziellen Auseinandersetzung mit der Selbstmordverhütung an den beiden darauffolgenden Tagen, in denen auch wieder eine große

Kommunikation untereinander, die Aussichtslosigkeit der Verwirklichung eines politischen Konzeptes und die Aussichtslosigkeit eines neuen Lebens überhaupt die Betreffenden in totale Verzweiflung geraten ließ. Es mehren sich die Stimmen, daß die Genannten auch von schweren Verstimmungszuständen heimgesucht waren und vor allem auch, daß sie nicht nur unbedingt aus politischer Taktik ihre Selbstmorde ankündigten. Damit stellt sich für die Selbstmordverhütung die Frage, ob auch diese Art von Selbstmorden zu verhindern gewesen wären, da die Selbstmordverhütung ja nicht nur eine humane Pflicht ist, bei deren Erfüllung wir uns der Erkenntnis der Medizin, der Psychologie und der Soziologie vor allem bedienen. Selbstmordverhütung ist auch ein Gebot der Nächstenliebe, und diese schließt ausnahmslos jeden Menschen ein.

Zahl von 250 bis 300 Teilnehmern durchgängig anwesend waren. Die einzelnen Vorträge sind in diesem Band nachzulesen. Sie dienen alle der Klärung der Frage, welche Voraussetzung Selbstmordverhütung hat, eine Frage, der bisher wenig Beachtung geschenkt wurde, weil es als selbstverständliche Pflicht gilt, Leben in jedem Falle zu retten. Das Ergebnis der Vorträge und Diskussionen war ein vertieftes Verständnis der Arbeit der Selbstmordverhütung. Es wurde deutlich, daß diese nicht nur aktionistisch zu betreiben ist, sondern nachdenklich und unaufdringlich. Die Öffentlichkeit hat die Rolle der Gesellschaft, d. h. ihre eigene dabei begriffen und eine Aufgabe entdeckt, deren Lösung sie nicht nur den Experten überlassen kann. Konkret wurde eine Intensivierung der Zusammenarbeit zwischen Suizidologie und Strafrechtswissenschaft verabredet, damit durch entsprechende Publikationen und Eingaben eine Entwicklung in Gang kommt, durch welche die Rechtsprechung zum Helfer der Selbstmordverhütung wird und nicht durch lebensfremde Entscheidungen deren Arbeit behindert. Wenn Selbstmordverhütung gesetzlich oder höchstrichterlich erzwungen wird, ist sie kaum noch wirksam möglich. Möge der vorliegende Band einer guten und interessanten Sache nützen.

Prof. Dr. med. Hermann Pohlmeier
Göttingen, im Januar 1978

Einleitung zur Podiumsdiskussion „Freiheit zum Tode?“ von Dr. Klaus-Peter Jörns

Gibt es eine Freiheit zum Tode? Diese Frage überhaupt zu stellen, galt und gilt vielen als gotteslästerlich. Für den, dessen religiöse Bindung an Gott die Bindung an den Herrn über Leben und Tod bedeutet, muß das so sein. Eine Verdammung des Selbstmordes und des Selbstmörders kommen dann notwendig hinzu. Die Geschichte kennt bis in die Gegenwart hinein kirchliche und staatliche Strafen für Selbstmordhandlungen, die aus jener Gottesvorstellung und aus der damit verbundenen ethischen Verurteilung des Selbstmordes herrühren. Andererseits läßt sich auch durch die Geschichte hindurch das Bemühen vieler erkennen, die Selbstmordhandlung als Freitod zu verstehen, also als etwas, wozu der Mensch Recht und Freiheit hat. *Jean Amérys* Buch „Hand an sich legen – Diskurs über den Freitod“ stellt den jüngsten und aufsehenerregenden Versuch dar, diese alte Position neu zu bestärken. Widerspruch dagegen kam unter anderem von *Gabriele Wohmann*, die im *Spiegel* mit ihrer Kolumne „Sein Tod ist nicht einladend“ (Nr. 35/1976, S. 131) Kritik anmeldete.

Eine dritte Position, die der ethischen und moralischen Wertung der Selbstmordhandlung jeden Boden entzieht, wird heute von all denen vertreten, die sich auf die psychoanalytischen Selbstmordforschungen beziehen und in der Selbstmordhandlung den Abschluß einer gestörten psychischen Entwicklung sehen.

Angesichts der Tatsache, daß alle genannten Positionen in unserer Gesellschaft zum Teil sehr leidenschaftlich vertreten werden, hat sich die „Deutsche Gesellschaft für Selbstmordverhütung“ zusammen mit der „Katholischen Akademie Hamburg“ entschlossen, das Thema „Freiheit zum Tode“ öffentlich zu diskutieren. Erfreulicherweise haben sich einige Wortführer der Auseinandersetzung für diese Diskussion gewinnen lassen, in die aber auch das Publikum einbezogen werden soll.

Damit die Diskussion für alle Beteiligten fruchtbar verläuft, ist es ratsam, sich auf den Gegenstand der Thematik zu konzentrieren und verwandte Probleme wie Euthanasie soweit wie möglich auszuklammern. Entscheidend wird die Antwort auf die Frage sein, ob es ein Recht oder gar eine Pflicht zur Selbstmordverhütung gibt, oder ob damit unzulässig in die Freiheitsrechte des einzelnen Menschen eingegriffen wird.

Auszüge aus der öffentlichen Podiumsdiskussion „Freiheit zum Tode?" mit Jean Améry und Gabriele Wohmann

Wohmann: Freitod (es geht um die Frage Freitod oder Selbstmord) sage ich deswegen nicht so gern, weil es mir eine zu schöne Vokabel zu sein scheint. Deswegen – das war auch ein wenig meine Polemik in meiner Kritik (im *Spiegel*) – bin ich für Selbstmord, weil ich das Ganze, den ganzen Vorgang und den Menschen, der dies tut, weil er dies tun muß, für völlig unfrei halte. Ich würde ihm also zugestehen, daß er frei ist, so unfrei zu entscheiden und sich zu töten. Aber Freitod ist nach meinem Verständnis einfach zu schön, zu geschmäcklerisch.

Améry: Ich habe vor allem das Wort Freitod dem Wort Selbstmord vorgezogen, weil das Wort Selbstmord eine logische, eine unerträglich logische Unsauberkeit enthält. Zum Mord gehören per Definition zwei phänotypische Gestalten – der Mörder und sein Opfer. Wo beide in einem Ich vereinigt sind, sind sie beide als Mörder und als Opfer nicht mehr sie selber, sondern etwas anderes. Darum sage ich eben Freitod, vielleicht aus Gründen der Sprachüblichkeit. Ich habe es übrigens dann auch im Laufe meiner Überlegungen anders formuliert. Ich sprach von Selbstabschaffung wiederholt – ein Wort, das von *Thomas Mann* stammt und das ich übernommen habe. Es lag also auch in diesem Freitod nichts Polemisches, ganz gewiß nichts Geschmäcklerisches, und ganz gewiß wollte ich da nicht einen Freiheitshelden aus dem hinweggehenden Menschen machen.

Ringel: Freitod kann man so lange sagen, als man theoretisch mit Distanz – wie Herr *Améry* als Philosoph – über den Selbstmord diskutiert. Wenn aus dem Diskutanten ein Täter wird, schaut das anders aus. Eine Sache ist, über den Selbstmord zu reden, eine andere Sache ist, den Selbstmord durchzuführen. Der Durchführende befindet sich in der überwiegenden Mehrzahl aller Fälle in einer Art Zwangslage oder länger dauernden höchsten Einengung. Das sagt übrigens an einigen Stellen *Améry* auch, daß es oft eine Art Zwang ist. Damit ist ein Zustand gegeben, der das Wort Freitod nicht zuläßt. Aus der Erfahrung mit Tausenden von Selbstmordpatienten ist für mich derjenige, der das Wort Freitod wählt, ein Philosoph, ein Betrachter aus der Ferne, der von dem wirklichen Geschehen keine Ahnung hat.

Améry: Ganz so, Herr Professor *Ringel*, wie Sie es sagen, ist es auch nicht. Es ist ja nicht so, daß ich nur als überlegener Philosoph spreche – ich fühle mich gar nicht als Philosoph, nur als nachdenklicher Mensch – und da jetzt so aus der Ferne urteile. Mein Buch ist ein sehr engagiertes Buch oder ein sehr verpflichtetes Buch von meiner Seite, wenn auch ein überaus unsicheres. Ich habe in großer Unsicherheit geschrieben und bin mir keiner meiner Thesen vollkommen sicher. *Raimond* hat gesagt, daß über dem Akt, in dem einer entscheidet, ob er den Tod, den er wählt, dem Leben, das er erleidet, vorzieht, ein mysteriöses Dunkel liegt. Gerade um dieses mysteriöse Dunkel habe ich mich versucht. Die logische Sprache stößt dabei natürlich immer wieder an ihre Grenzen, nämlich an die Grenzen der Absurdität des Lebens und des Todes überhaupt. Meine Frage an Herrn *Ringel* ist, ob das ganze Instrumentarium der Wissenschaft nicht längst in Frage gestellt ist durch moderne Anthropologien wie z. B. die von *Michael Fukoult*. Das ganze Instrumentarium der Wissenschaft (die den Freitod bestreitet) legt sich über dieses erwähnte mysteriöse Dunkel als etwas Fremdes, von außen Kommendes. Was bedeutet es denn, wenn ein Geretteter nachher sagt, wie froh bin ich? Welches Ich gilt? Das Ich im Augenblick der Tat, das von einer äußersten Ver-

dichtung eben seiner Ich-Haftigkeit war, oder das beiläufige Ich, das Alltags-Ich, das normale, das eingegangen ist in die Welt, das sich dann auch nicht ausdrücken kann in den Sprachklischees dieser Welt. Ich habe versucht, mich diesen Fragen zu stellen. Ich habe mir nicht angemaßt, die klinische Forschung stören zu wollen. Ich habe einzig und allein den Versuch gemacht, die Dinge einmal von einer ganz anderen Seite aus zu sehen. Und deshalb halte ich an dem Begriff des Freitodes fest. In einem großartigen Werk des Franzosen *Bechler*: „Les suizides", das noch nicht übersetzt ist, in dem Sie, Herr *Ringel*, aber ausführlich zitiert werden, wird gesagt:
Wenn die Dinge so einfach sind, wie man sie uns darstellt, daß nämlich unglückliche Kindheit, Liebesentzug, Fehlentwicklung eine Einengung der Vitalsphäre bedeuten, dann müßten sich eigentlich unendlich viel mehr Menschen umbringen. Denn diese Verhältnisse gelten für eine unendlich große Anzahl von Leuten, die nicht zur Tat schreiten. Genau das ist für mich innerhalb des psychologischen Rasters der unerträglichen Zwänge das Moment der existentiellen Freiheit. Es geschieht etwas, es tut jemand etwas. Er kann es tun oder auch nicht. Ich möchte ein Beispiel, das ich an anderer Stelle gewählt habe, wiederholen: Ein Kaufmann macht Bankrott. Er steht zwischen zwei Frauen und erfährt, daß er schwer krank ist. Eine ausweglose Situation. Er bringt sich um. Ein gleicher Mann in derselben Situation schickt eine der beiden Damen weg, arrangiert sich mit seiner Krankheit, macht einen lukrativen Bankrott und arbeitet weiter und lebt weiter. Zweifellos wurde da gewählt, bis ein Akt zustande kam. Jeder Akt ist ein Schnittpunkt unzähliger Kausalitäten. Aus diesem ungeheuren Komplex von Kausalitäten nimmt die Psychologie jeweils mehr oder weniger willkürlich ihr die von der Tradition zugereichten Stränge heraus . . .

Pohlmeier: Die Frage nach Freitod oder Selbstmord ist mehr als eine Frage nur nach Wörtern. Die Psychoanalyse zieht Selbstmord vor, weil für sie im Augenblick des Selbstmordes ein introjizierter Anderer (verlorenes Liebesobjekt) getötet wird. Herr *Améry*, Sie haben die Frage aufgeworfen, wieweit das psychoanalytische Persönlichkeitskonzept noch gilt. Die Freiheit spielt in diesem Konzept eine untergeordnete Rolle. Wir machen, glaube ich, den Fehler, deswegen als Alternative zur Freiheit nur den Zwang anzubieten. Mir scheint aber der Freiheitsbegriff, den Sie in Ihrem Buch verwenden, auf einer anderen Ebene angesiedelt zu sein. Einmal gehen Sie von einer sehr persönlichen Erfahrung aus, nämlich der Konzentrationslagerhaft, die Sie in dem diskutierten Buch und in einem früheren geschildert haben. Sie haben dort die Möglichkeit der Freiheit zum Tode erlebt und mit dieser Möglichkeit überlebt. Sie haben aber auch erfahren, daß diese Freiheit so geschmäcklerisch und angenehm gar nicht ist. Damit beziehen Sie sich nicht nur auf Ihre persönlichen Erfahrungen, sondern auch auf einen Freiheitsbegriff, den *Jean-Paul Sartre* im Humanismusbrief andeutet. Dort erscheint die Freiheit ganz unlustig und ganz ungeschmäcklerisch. Man erfährt, daß der sogenannte freie Willensakt oder die freie Entscheidung immer nur unter ganz vielen einschränkenden Umständen möglich ist und daß immer die anderen damit einbezogen sind. Die freie Entscheidung, die existentielle Entscheidung schließt eine Verantwortlichkeit für den anderen mit ein. Mein Vorschlag wäre, Herrn *Améry* zuzugestehen, daß er Freiheit viel problematischer erlebt, so, daß Zwang dazu keine Alternative ist. Die Frage kann doch nur sein, um was für eine Freiheit handelt es sich und wieviel Unfreiheit ist damit verbunden . . .

Reiner: Ich möchte Herrn *Améry* zustimmen, daß es ein Geheimnis bleibt, wer der eigentlich war, der unmittelbar vor der Tat stand, und wer er ist, wenn diese Tat nicht zum Tod geführt hat. Vielleicht ist es hilfreich, wenn wir die Trennung zwischen uns und den sogenannten Anderen aufheben. Das Problem, von dem wir sprechen, betrifft jedermann existentiell. Wenn das vergessen wird, kann es zu keiner Verständigung kommen, wenn sich nämlich Lager auftun der Gefährdeten und der sogenannten Nichtgefährdeten.

Ringel: Voll stimme ich mit *Améry* überein, daß der Selbstmord ein Geheimnis ist und bleibt. Eines der größten Geheimnisse bei der Selbsttötung ist das Zusammenwirken individualpsychologischer und sozialpathologischer Faktoren. Für mich steht fest, daß der Mensch, der zur Selbstreflexion fähig ist, ein Recht auf Selbstmord hat. Aber ebenso fest steht, daß wir aus den verschiedensten Gründen das Recht haben, ihm in seiner Notsituation Hilfe anzubieten. Niemand ist hundert Prozent suizidal. Selbst der bitterst Entschlossene hat in seinem tiefsten Inneren noch eine Hoffnung. In dieser Situation haben wir auf jeden Fall das Recht zur Hilfe, von der Pflicht will ich jetzt nicht reden. Wir haben in den letzten 30 Jahren neue Wege gefunden, eine Hilfestellung zu leisten. Es gibt eine antisuizidale Therapie, wenn wir auch damit nicht in allen Fällen helfen können. Gerade das Werk von *Améry*, dem ich ehrfurchtsvoll verbunden bin, hat uns viele Anregungen gegeben, und seit Erscheinen dieses Buches arbeiten wir doppelt und dreifach an der Position der Selbstmordverhütung. Nur darf kein Mißverständnis aufkommen, als wenn der Mensch, der durch Psychotherapie zur Fortsetzung seines Lebens gebracht worden ist, jetzt ein minderer geworden sei, nur weil er weiterlebt, wie

Améry sagt, er dieses hundselendige Dasein, das man ja eigentlich nur mit Ekel akzeptieren kann, also eigentlich ablehnen muß, weil er das weiter erträgt. Der Psychotherapie wird oft der Vorwurf gemacht, die Menschen zur Anpassung zu erziehen. Im Zusammenhang mit der Selbstmordverhütung könnte der Vorwurf umgewandelt werden darin, daß die Psychotherapie einen Menschen erzieht, der sich einfach alles gefallen läßt, der jede Erniedrigung, jede Sklaverei, wie sie dieses Leben mit sich bringt, erträgt. Das ist ein grobes Mißverständnis der Psychotherapie. Eine Psychotherapie, die auf Ertragen aufgebaut wäre, müßte scheitern. Das Ziel der Therapie ist vielmehr, daß der Mensch die Dinge anders sieht, anders erlebt, von sich aus versucht, sie anders zu gestalten. Derjenige, der einen Selbstmordversuch überstanden hat, ist also in keiner Weise ein minderwertiger. Ebenso falsch wäre es, wie es in *Amérys* Buch steht, den Selbstmörder als Privilegierten anzusehen, als Auserwählten, als Funke des Genies. Der Selbstmörder ist weder minderwertig noch überwertig, er ist ein Mensch in seiner Not, dem wir beizustehen haben.

Améry: Herr *Ringel*, es muß ein Mißverständnis sein. Ich habe an keiner Stelle gesagt, daß der Selbstmörder ein Privilegierter sei. Ich habe gesagt, der Freitod sei ein Privileg des Humanum im Gegensatz zum Tier, das dieses Privileg nicht hat. Ich habe auch nirgendwo gesagt, daß der Selbstmörder ein Genie sei oder gar der Funke des Genialen. Um Gottes willen nein, ich weiß es ziemlich genau auswendig, was ich gesagt habe. Der Selbstmörder ist sehr selten, habe ich gesagt, und selten ist auch das Genie. Damit habe ich aber nicht gesagt, daß der Selbstmörder ein Genie sei. Das sind zwei verschiedene Formen von Seltenheit. Ich habe auch nicht gesagt, daß ich den seltenen

Selbstmörder dem unseltenen Durchschnittsmenschen vorziehe, wie Sie, Herr Professor *Ringel,* es offenbar herausgelesen und interpretiert haben. Hinter meinen Ausführungen steht eine, wenn Sie so wollen, Antitheologie oder eine ganz bestimmte Ontologie. Es steht dahinter eine Neinsage. Diese Neinsage ist wahr, aber sie ist eine sehr beunruhigte und gar nicht triumphierende oder fröhliche oder selbstherrliche oder selbstgefällige. Ich habe auch niemals gesagt, daß die klinischen Bemühungen nichts wert sind. Im Gegenteil, ich habe meine Verbeugung vor der Wissenschaft gemacht, vor einer ernsthaften Wissenschaft.

Ringel: Die Verehrung erstreckt sich auf die Erwähnung.

Améry: Ich stehe allen humanen Wissenschaften mit großer Skepsis gegenüber. Für einen theoretischen Physiker nimmt sich das alles überaus komisch aus, alles, was in der Soziologie und Psychologie versucht wird . . .

Roxin: Was Herr *Améry* und Herr *Ringel* streitig gesagt haben, so neige ich der Meinung zu, daß in dieser Kontroverse doch wohl Herr *Ringel* recht hat. Herr *Améry* hat gesagt, daß das Ich des sich selbst Tötenden im Augenblick des Aktes doch sein eigentliches, wahres, herausgehobenes, gewissermaßen die Essenz seines Lebens und damit etwas Besseres vermutlich sei, als das Alltags-Ich des Geretteten, der dann hinterher froh ist, gerettet worden zu sein. Dieses Alltags-Ich sollten wir bewahren. Es mag richtig sein, was Herr *Améry* gesagt hat, aber es kann niemand wissen außer dem, der wirklich Selbstmord erfolgreich begangen hat. Der Gerettete mit seinem Alltags-Ich ist doch immer ein lebender Mensch mit allen seinen Möglichkeiten. Er hat Anspruch auf dieselbe Wertschätzung wie der andere . . .

Pohlmeier: Mir läge daran, eine Polarisierung der Position von *Améry* und der Suizidologie zu vermeiden. Diese Polarisierung besteht nicht. Die Rechtswissenschaft geht von einem ähnlichen Freiheitsbegriff aus, wie *Améry*. Herr *Roxin* hat darauf hingewiesen. Die Schwierigkeit, die wir von der Suizidologie aus haben, ist, daß wir nicht philosophisch denken oder gar ontologisch. Wir machen seit Jahrzehnten die vernünftige Unterscheidung zwischen Selbstmord und Selbstmordversuch. Wenn wir sie ernst nehmen, taucht die Frage auf, ob diese Unterscheidung der ontologischen Differenz der Existenzphilosophie verwandt ist. Wenn das so wäre, kämen wir dahin, daß derjenige mit dem geglückten Selbstmord einen ganz anderen Hintergrund hat als der mit dem Selbstmordversuch. Die Einbeziehung der ontologischen Dimension könnte die Polarisierung zwischen Suizidforschung und Philosophie entschärfen.

Moderator *Jörns*: . . . In der zweiten Runde dieses Gesprächs wollen wir jetzt auf den Zusammenhang Biographie und soziale Umwelt eingehen . . .

Wohmann: Es ist nicht eigentlich so, daß ich (etwas sagen) möchte. Ich habe nur das Gefühl, daß ich etwas sagen sollte. Allerdings müßte ich dazu vielleicht etwas gefragt oder provoziert werden. Wollen Sie mich etwas fragen?

Moderator *Jörns*: Das möchte ich eigentlich nicht . . . Warum soll ich das (Schweigen) allein deuten in dieser Situation . . . Warum ist die Behandlung eines Selbstmordfalles, wenn er in einer Familie auftritt, offenbar doch so, daß die Schande oft im Vordergrund steht (Bezugnahme auf eine Leichenrede)?

Wohmann: Also, was die Schande anlangt, so würde ich es gänzlich von mir weisen, wenn in meiner Familie ein Selbstmordfall wäre, daß es dort als schändlich begriffen würde. Drum kann ich also davon auch nicht reden, wenn ich also zugebe, daß es da und dort so ist. Vielleicht ist es ein ganz natürliches, kreatürliches, auch naives Verhalten, daß man jemandem zuredet, es weiter zu probieren mit dem Leben. Die Argumente sind ja meistens nicht sehr verlockend, denn derjenige, der nicht mehr leben möchte, sitzt nach meiner Erfahrung in einer elenden Zwangslage und ist eben nicht frei. Darum dachte ich, er ist unfrei, wenn er sterben will. Man redet aber doch zu, jedenfalls ich. Das habe ich auch schon getan und auch eigentlich nie mit besonders gutem Gewissen. Aber es ist wahrscheinlich ein instinktives Reagieren darauf.

Moderator *Jörns*: Herr *Améry*, haben Sie sich nicht provoziert gefühlt durch die Bemerkung, daß der Suizidale in einer schwächeren Situation ist als der, der den „lukrativen Bankrott" zustande bringt (siehe Beispiel auf Seite 15).

Améry: Der Schwächere ist natürlich, wenn er nicht da ist, in einer schwächeren Position. Das ist überhaupt keine Position mehr, weil er eben nicht mehr da ist. Man vergißt ihn ja auch ziemlich schnell. Darüber habe ich ziemlich ausführlich geschrieben, wie wenig ein Mensch gilt. Das ist recht erstaunlich. Man will das gar nicht glauben. Man weiß sich sehr schnell zu trösten. Der einzelne will gar nicht gern begreifen, wie unwichtig er ist und daß er eigentlich ein Nichts ist. Selbst die nächsten Angehörigen trösten sich mit wenigen Ausnahmefällen erstaunlich schnell über sein Nichtssein. In diesem Sinne hat natürlich der Tote die denkbar schwächste Position . . . Da Sie das von mir angeführte Beispiel mit dem lukrativen Bankrott sehr ernst nehmen und weiterführen, beginnt das für mich zu einer moralischen Frage zu werden. Es kann durchaus sein, daß der, der überhaupt keine Position mehr hat, und der, der sich nicht in einen lukrativen Bankrott rettet, die moralisch bessere Figur macht als der, der sich in den lukrativen Bankrott rettet.

Pohlmeier: Sie hatten, Frau *Wohmann*, um eine provozierende Frage gebeten . . . Das betretene Schweigen um die Biographie des Selbstmörders hat mich gewundert. Wir meinen doch manchmal, die Konzepte genau zu kennen. Trotzdem trauen wir uns nicht, sie ohne weiteres hier einer breiteren Öffentlichkeit vorzulegen. Es könnte uns helfen in unserer Erkenntnis, einmal von Nichtfachleuten zu erfahren, wie wirkt denn jemand auf Sie, das möchte ich Sie persönlich fragen, der in der Situation vor dem Selbstmord ist?

Wohmann: Also die Person, an die ich jetzt gleich denken muß, weil ich mit ihr Erfahrungen in der letzten Zeit hatte, die hat eine Biographie, in der sich das immer wiederholt, in der dieser Todesgedanke überhaupt nicht mehr abzuschaffen ist. Die halte ich auch als Laie für krank, wenn man die Unterscheidung gesund und krank überhaupt machen kann. Jemand anderes kenne ich, der wirkt ganz normal, dessen Biographie ist nur in eine Sackgasse geraten, und insofern hatte man bei dem Fall ein besseres Gefühl, alltäglich zu reden. Was man noch verbessern kann, eine andere Lage, eine andere Wohnung, andere Menschen, bessere Lebensbedingungen, waren noch Argumente. Diese kamen einfach noch besser an, wurden begriffen. Während die eine Person eigentlich völlig entrückt ist und in einer Wahnwelt zu leben scheint, wo es für uns gar nichts gibt, war die andere mir irgendwie näher. Deswegen bin ich heilfroh, daß es Psychiater gibt, die den Entrückten helfen.

Roxin: . . . Daß man helfen soll, das scheint mir doch recht. Die Frage ist nur, wie, und da ist noch nicht angesprochen die Rolle der sozialen Mitverantwortung beim Suizid . . .

Reiner: Ich möchte noch einmal da ansetzen, wo Sie vorhin waren, Herr *Pohlmeier*, und das paßt auch gut zu der Frage von Herrn *Roxin*. Es hieß, wir haben die Konzepte in der Tasche oder glauben sie genau zu kennen . . . Ich habe nicht das Gefühl, daß das so ist, sondern meine eher, daß Patienten nach einem Suizidversuch therapeutisch sehr strapaziös sind. Ich machte die Erfahrung, daß eigentlich weder Psychiater noch Therapeuten sich um diese Patientengruppe reißen. Das hängt mit der unbekannten Größe X zusammen oder dem Geheimnis, das mehrfach im Zusammenhang mit der Selbstmordhandlung angesprochen wurde. Wir haben einige Konzepte . . . Aber das Geheimnis bleibt . . .

Wann wird Selbstmordverhütung notwendig?
von Prof. Dr. med. Hermann Pohlmeier

Das aufregende Buch „Hand an sich legen – Diskurs über den Freitod" von dem österreichischen, jetzt in Brüssel lebenden Schriftsteller *Jean Améry* stellte 1976 die Berechtigung der Selbstmordverhütung radikal in Frage. Dort wird die „Besorgtheit der Gesellschaft" dem „Suizidär" gegenüber schamlos und unverschämt genannt, weil sie den Menschen an einem „Akt der Freiheit" hindere. Der allerletzte Ausdruck der Menschenwürde, die durch die Entscheidung zum Freitod erreicht werden könnte, würde durch Selbstmordverhütung vernichtet. In einem Interview später stellte der Autor dar, daß er den Gedanken an den Selbstmord als Davonlaufen aus ausweglos erscheinenden Situationen kenne, sich im Laufe seines Lebens das aber als eine Bekräftigung seiner Freiheit, als eine aktive Lebensmöglichkeit erwiesen habe *(Die Zeit, 13. 8. 1976)*. Der Selbstmord erscheint so gesehen und so erlebt als Möglichkeit der Veränderung von sich selbst und der Umwelt. Im Rahmen einer im europäischen Abendland traditionellen Freiheitsphilosophie wird hier konsequent als höchste und einzig bindende Verpflichtung die zur Freiheit genannt. Von da aus bietet sich das Argument an, niemand könne im Rahmen konventioneller „Lebenslogik" zum Durchhalten um jeden Preis verpflichtet werden. *Améry* kommt es auf die subtile Unterscheidung an, daß der Suizidär die Schöpfung zurückweist, nicht aber unbedingt die gerade bestehende Gesellschaft. Diese Unterscheidung, die sich schon im Davonlaufen vor etwas und dem Bewegen zur Freiheit hin andeutet, knüpft stark an die „ontologische Differenz" an, mit der *Martin Heidegger* 1929 den Unterschied zwischen Sein und Seiendem kennzeichnen wollte. *Améry* knüpft ausdrücklich an die transzendentalontologische oder existenzphilosophische Bemühung *Heideggers* und noch mehr an die von *Sartre* an, wonach Materialismus und Positivismus zur Wiedergewinnung der Transzendenz überwunden werden müssen (*Die Zeit*, 13. 8. 1976). So richtet sich die Polemik des Autors denn auch entschieden gegen die Selbstmordverhütung, speziell gegen die Anmaßung von Medizin und Psychologie, die unter allen Umständen die „Art erhalten" zu müssen glauben. Der Freiheit zum Tode, der Freiheit überhaupt also, kann in einem solchen anmaßenden totalen Perfektionismus kein Raum mehr gelassen werden. „. . . Und darum ist der Freitod für mich ein integrierender Bestandteil des Humanum . . .", womit der Mensch losgelöst und unabhängig von seinen Einbindungen in Biologie und Soziologie gesehen werden will. Total in ihre Umwelt gebundene Lebewesen wie Tiere kennen keinen Selbstmord. Beim Menschen kann er nur zum Teil umweltgebunden, unbeeinflußt von sozialen und Klassenunterschieden von einem Ekel vor dem Sein bestimmt werden und nicht vor der Gesellschaft. Jenseits vom Zwang einer Gesellschaft, einer konventionellen Lebenslogik und progressiven Zielsetzungen geht es dann nur noch um die Erfüllung der Freiheit, in die niemand mehr hineinzureden hat (*Améry*, 1976). Dies ist eine Huldigung an die individuelle Freiheit, wie wir sie so profiliert heute nicht mehr gewohnt sind.

Der Kampf um die individuelle Freiheit und um die absolute Erhaltung der Möglichkeit zu ihrer Erlangung meldet sich aber auch anders:

„Sterben ist eine Kunst, wie alles.
Ich kann es besonders schön . . .
Ich kann es so, daß man wirklich fühlt, es ist echt. Sie können, glaube ich, sagen, ich bin berufen zu diesem Ziele."

Die außergewöhnliche amerikanische Lyrikerin *Sylvia Plath* drückt ihre Todessehnsucht in einem mit „Madame Lazarus" überschriebenen Gedicht so überirdisch aus und läßt die Vollendung ahnen, die ihr der Selbstmord 1963 im Alter von 30 Jahren in London gebracht hat (1965/1974). Es gibt andere Beispiele aus der Literatur und Philosophie, in denen das Sterben durch die eigene Hand wie eine Verlockung erscheint und der Tod in dieser Gestalt wie ein unwiderstehlicher Verführer mit dem Versprechen der Freiheit winkt. *Al Alvarez* hat darüber viel Material zusammengestellt (1971/1974). Je mehr man sich da hineinvertieft, je öfter man auch mit Menschen spricht, die einem den Selbstmord als „. . . ein Ziel, aufs innigste zu wünschen . . ." *(Hamlet)* überzeugend hinstellen können, desto mehr wird die Frage beunruhigend, ob es überhaupt ein Recht zur Selbstmordverhütung gibt, wenn andere um das Recht auf Selbstmord kämpfen wie um das Recht auf Leben. Gibt es Situationen und Bedingungen, wo Selbstmordverhütung notwendig wird?

Um der Beantwortung dieser Frage näherzukommen, ist eine Besinnung auf die unterschiedliche Bewertung des Selbstmordes in verschiedenen Kulturkreisen und in verschiedenen geschichtlichen Epochen sinnvoll. Es bleibt erstaunlich, daß Selbstmord unter Strafe gestellt wurde. Bekannt und oft zitiert ist das Beispiel England, wo erst 1961 Selbstmordhandlungen aus dem Katalog der durch die Justizbehörden zu ahndenden Taten eliminiert wurden. Ebenso bekannt und oft zitiert ist die Einstellung und Praxis der Kirchen bezüglich des Begräbnisses von Selbstmördern. Es ist noch nicht lange her, daß *Ophelia* in der Dichtung *Shakespeares* bei Nacht und hastig ohne den Segen des Paters unter die Erde gebracht werden mußte, d.h. ohne Menschlichkeit. Bis in unsere jüngste Zeit wurden Kanon

1240 und 2350 des kirchlichen Gesetzbuches streng und konsequent ausgelegt, wonach Selbstmord Todsünde ist, der Betreffende sich damit aus der Gemeinschaft der Heiligen ausschließt und entsprechenden Sanktionen aussetzt (Canon 1240/2350). „Der Herr hat es gegeben, der Herr hat es genommen . . ." In diesem ehrwürdigen und christlichen Bestattungsritual wird deutlich dem Menschen jedes Recht auf Selbstmord abgesprochen. Erst in unserer jüngsten Gegenwart wächst die Toleranz und braucht kaum noch ein Selbstmörder auf ein christliches Begräbnis zu verzichten. *Rost* hat bis 1927 in einer umfangreichen „Bibliographie des Selbstmordes" viele Auffassungen dieser Art gesammelt (1927). Die Stadt Augsburg ist auf diese Weise im Besitz einer der repräsentativsten Bibliotheken zum Thema Selbstmord – sie umfaßt über 1000 Bände. Daraus wird ersichtlich, daß Schriften zur Verteidigung des Selbstmordes auf die Liste der kirchlich verbotenen Bücher kamen und vielleicht auch noch kommen (Canon 1399).

Im strafrechtlichen und im kirchlichen Zusammenhang waren also Selbstmordhandlungen zur Erlangung der auch dort an sich geschätzten Freiheit keine Möglichkeit. In anderen kulturellen und geschichtlichen Zusammenhängen jedoch fand Selbstmord nicht nur Strafe und moralische Verurteilung. Eine unmittelbarere Auseinandersetzung mit dem Tode führt in manchen sogenannten primitiven Gesellschaften, wo die Alten unbefangen „Hand an sich legen", um dem Stamm die Last der Pflege und Erhaltung ohne Gegenleistung zu ersparen. Zwei tibetanische Stämme, die Jakuten und die Buchäten, verfahren z. B. so (*Herzog*, 1960). Es gilt dort als ehrenrührig, am Leben zu hängen. Aber auch in moderneren Zivilisationen findet der Selbstmord eine positive Wertschätzung, z. B. im politischen Sinne: als Opfer für das Vaterland oder als Tribut an die Ehre zur Wiederherstellung selbst gesetzter Ordnungen. Die Ein-Mann-Torpedos der Japaner im Zweiten Weltkrieg oder manche Todeskommandos der Amerikaner in Vietnam oder die Selbstverbrennungen buddhistischer Mönche oder die Alarmsignale der Prager Studenten oder der protestantische Pfarrer *Klaus Brüsewitz* (*Wedler*, 1976) aus Zeitz, der im August 1976 sich mit Benzin übergoß, um gegen eine bestimmte Politik seiner Regierung und seiner Kirche zu protestieren, oder die Selbstmorde einzelner Mitglieder von radikalen Gruppen, die während der Prozesse so politische Aktionen fortsetzen wollen, oder der Selbstmord des ungarischen Ministerpräsidenten Graf *Teleki*, der sich von *Hitler* nicht zum Anschluß an die Achse Berlin–Rom zwingen lassen wollte, verdeutlichen eine Funktion, die Selbstmord in bestimmten Zusammenhängen haben kann, und eine Seite der Selbstmordhandlung, die nicht einfach zu erklären ist. Gewinn der Freiheit, Opfer, Wiederherstellung der Ordnung, politische Aktion lassen ebenfalls die Frage brennend werden, ob es ein Recht oder umgekehrt eine Pflicht zur Selbstmordverhütung gibt, ob man jemandem die Möglichkeit zum Selbstmord nehmen darf, die in seinen Augen die einzige Form der Selbstverwirklichung ist. Die Antwort auf die Frage, wann Selbstmordverhütung notwendig wird, muß also auch aus dieser Sicht bedacht werden.

Schon die genannten Überlegungen der Freiheitsphilosophie, der Dichtung und der unterschiedlichen Bewertung des Selbstmordes in verschiedenen kulturellen, geschichtlichen und politischen Zusammenhängen vertieft den Ernst der Frage und nähert sich der Feststellung, daß es ein Recht auf Sterben gibt, wie ein ebensolches auf Leben. In dem schon erwähnten Gedicht der *Sylvia Plath* steht:

„Ich bin erst 30.

Und wie die Katze kann ich neunmal sterben,
bevor es vorbei ist,
wovon dies Nr. 3 ist."

Die Energie und Ausdauer, mit der hier der Tod gesucht wird, läßt ihn einfach in solchen Lebenssituationen erstrebenswerter erscheinen als das Leben selbst. Ich habe eine Frau gekannt, die nach dem 11. Versuch gestorben ist und jedesmal gesagt hatte: „Warum weckt Ihr mich immer wieder auf, ich will doch schlafen für immer, tot sein, aber ich werde es noch erreichen, was Ihr auch unternehmt." Ein Mann sagte mir: „Sie müssen das ganz ernst nehmen, daß ich sterben will, und nicht meinen, weil ich jede Woche zu Ihnen komme, wollte ich bloß darüber reden, ohne es zu tun. Auf einmal lesen Sie in der Zeitung, daß ich vom Hochhaus gesprungen bin, Sie wissen ja, daß ich mir schon alles genau angeschaut hatte." Tatsächlich erfuhr ich von seinem Tod durch die Presse. Die Ehefrau kam danach einige Male zu mir, um die letzten Tage mit ihrem Mann besser zu verstehen, und machte deutlich, daß der Tod ihres Mannes zu seinem Leben und auch zu dem von ihnen beiden gehört habe. An eine Malerin erinnere ich mich, die waghalsigste Unternehmungen mit ihrem Auto machte, dabei auch zu Schaden kam und die unwiderstehliche Phantasie hatte, in eine unendliche Weite eintauchen zu müssen ohne Wiederkehr.
Wenn Menschen so um ihren Tod kämpfen, wie *Sylvia Plath* oder die genannten Patienten, dabei alles zur Erreichung dieses Zieles tun, läßt sich eine Begründung zur Selbstmordverhütung nicht umgehen. Sie ist nicht selbstverständlich, sondern muß vielmehr sorgfältig gesucht werden. Der Zeitpunkt, wann Selbstmordverhütung notwendig wird, ist nicht leicht zu bestimmen.

Vielfach werden da keine besonderen Probleme gesehen. Es gibt ja so eindeutige Argumente, daß nämlich 80% derer, die sich das Leben nehmen wollten, damit einverstanden sind, gerettet worden zu sein (*Henseler*, 1971). Gern wird auch angegeben, daß nur 25% derer, die einen Selbstmordversuch gemacht haben, einen solchen wiederholen (*Henseler* 1971). Als ganz gewichtige Stütze in der Werbung für Selbstmordverhütung gilt die Auffassung vom Selbstmord als Krankheit oder Krankheitssymptom. Selbstmordgedanken, Selbstmordankündigungen, Selbstmordhandlungen werden in Symptomlisten zur Erfassung psychiatrischer Erkrankungen aufgeführt (*Overall*, 1968). Der Pionier der Selbstmordverhütung innerhalb der Psychiatrie, *Erwin Ringel*, kämpft seit zwei Jahrzehnten um die Interpretation der Selbstmordhandlung als Ende einer „neurotischen Lebensverunstaltung" oder „Abschluß einer krankhaften psychischen Entwicklung" (*Ringel*, 1953/1961). Duldung oder Förderung aber einer Krankheit oder eines pathologischen Zustandes oder gar ein Recht darauf kann die Öffentlichkeit nicht akzeptieren (*Reiner*, 1974). In diesem Konzept von Krankheit wird dann auch gewarnt vor der „Ansteckungsgefahr" von Suizidhandlungen und dem negativen Beispiel, Konflikte auf diese Weise zu lösen (*Pöldinger*, 1968). Der Selbstmord oder der Selbstmordversuch sind Ärgernisse, die aus dem Weg geräumt werden müssen. Die „Mentalhealthbewegung" hat – ausgehend von der Schilderung eines Klinikpatienten – die Erlangung geistiger Gesundheit ganz besonders an der Freiheit von Selbstmordgedanken oder Selbstmordhandlungen gemessen (*Reimann*, 1967). Die Problematik oder besser gesagt der Stellenwert des Selbstmordes in der Medizin wird später noch zur Sprache kommen. In dem hier erörterten Zusammenhang, in dem es um eine Rechtfertigung der

Selbstmordverhütung geht und um die Frage, wann Selbstmordverhütung notwendig wird, ist die Behandlung des Themas durch die Rechtswissenschaft und ihre Einstellung zur Selbstmordverhütung von unmittelbarer und wahrscheinlich erkenntnisreicher Bedeutung. Deshalb wird auf sie im folgenden näher eingegangen. Dieser juristische Aspekt ist bisher in den Darstellungen zur Selbstmordverhütung zu wenig beachtet worden.

Wie schon erwähnt, geht es in juristischer Betrachtung heute nicht mehr um die Strafverfolgung und um die Rechtswidrigkeit von Selbstmordhandlungen. Nichtsdestoweniger aber behandelt die Rechtswissenschaft das Thema in Theorie und Praxis so ausdrücklich, daß dadurch Aussagen über Recht und Pflicht zur Selbstmordverhütung ableitbar sind. Eine höchstrichterliche Entscheidung aus dem Jahre 1972 des Deutschen Bundesarbeitsgerichtes hat zur Frage der Lohnfortzahlung nach Selbstmordversuch starkes Aufsehen erregt und heftige Diskussionen ausgelöst (*Heinrich*, 1976). Die Richter vertraten den Standpunkt, daß im allgemeinen der Arbeitgeber zur Lohnfortzahlung nicht verpflichtet ist, wenn die Arbeitsunfähigkeit seines Arbeitnehmers Folge eines Selbsttötungsversuches ist. Hier müsse die Frage der selbstverschuldeten Arbeitsunfähigkeit geprüft werden. In dem Streit um Lohnfortzahlung zwischen einem 26jährigen Arbeiter und einer Hoch- und Tiefbauunternehmung wurde diese Selbstverschuldung dem Kläger zur Last gelegt und ihm in Konsequenz dazu der Lohn verweigert. Die Begründung des Gerichtes war, der Selbstmordversuch sei wohl auf die Trennung des jungen Mannes von seiner Freundin und auf schlechte Familienverhältnisse in seinem Elternhaus zurückzuführen, habe aber den Betroffenen an seine persönliche Pflicht zur Selbstmordverhütung ermahnen müssen. Die Begründung enthält gleichzeitig die Auffassung von der Selbstmordhandlung als einer freien, zwar unerlaubten Willenstat, die der Mensch vor allem selbst verhindern muß und für die er selbst verantwortlich ist. Auch der Hinweis auf die ärztliche Feststellung einer Depression hat dieses Urteil nicht zu erschüttern vermocht, weil in diesem Denkrahmen die Depression eine Selbstmordhandlung nicht zum Symptom einer Krankheit macht und schon gar nicht die freie Willensbestimmung ausschließt. Vielmehr wird vom „verständigen Menschen" erwartet – und man müßte ergänzen vom Gesunden und Freien –, daß er ungünstige Lebensbedingungen, Angst und Aggression selbständig überwindet und sich vernünftig verhält. Dazu gehört, dem Selbsterhaltungstrieb, dem sogenannten stärksten Trieb des Menschen, auf jeden Fall zu folgen.

Diese rechtsgelehrte Auffassung ist moralisierend und inhuman gefunden worden. Auch Juristen haben ihr entschieden widersprochen (*Heinrich*, 1976). Entscheidend für unseren Zusammenhang ist jedoch, daß hier juristisch von einem rationalistischen und positivistischen Standpunkt aus argumentiert wird, den von anderer Seite *Améry* als unverschämte Anmaßung und Freiheitsberaubung brandmarkt. In dem zur Rede stehenden Urteil wird nämlich davon gesprochen, es sei nicht erlaubt, es sei nicht vernünftig, es sei eine Vertragsverletzung, es sei eine unzumutbare Überbeanspruchung der Kalkulierfähigkeit des Arbeitgebers, es sei sogar mittelbar rechtswidrig, es verstoße gegen die Natur, sich als Arbeitnehmer das Leben nehmen zu wollen. Motive und Gefühle, die eine Handlung determinieren, interessieren bis zur letzten Konsequenz hier nicht mehr, sondern nur Vernunft und gesetzte Ordnung. Aus der Vernünftigkeit und der Freiheit des Menschen ergibt sich vielmehr ganz klar für dieses Denken die Pflicht, dem Selbsterhaltungstrieb zu folgen und für sich selbst den Selbstmord zu verhüten. Daraus könnte nun von anderen das Recht abgeleitet werden, bei dieser moralischen Pflichterfüllung behilflich zu sein und Selbstmordverhütung professionell zu betreiben. Ob sie sich damit allerdings des Vorwurfs der Anmaßung, nämlich des Anschlags auf die persönliche Freiheit, entledigt haben, wird zu überlegen sein. Wir sind noch nicht an dem Punkt, wo Selbstmordverhütung nötig wird und diese Notwendigkeit überzeugt. Wir sind lediglich dort angelangt, wo sie denkbar wird – ein Recht darauf ist noch nicht gefunden.

Sehen wir zunächst zu, ob die Rechtsgelehrsamkeit über das Urteil zur Lohnfortzahlung und über eine persönliche Pflicht zur Selbstmordverhütung hinaus allgemein eine Pflicht zur Selbstmordverhütung nachweist. Insbesondere interessiert, wie Rechtswissenschaft und Rechtspraxis in diesem Zusammenhang die Frage nach dem Recht auf Selbstmord behandeln, dem Selbstmordverhütung eventuell entgegensteht. So weit sich die Rechtswissenschaft nicht vor ihrer Erweiterung zur Rechtsphilosophie scheut und sich dafür offenhält, in vielen Urteilen philosophische Voraussetzungen zur Geltung zu bringen, kann ihren Äußerungen Gewichtiges zu diesem Problem entnommen werden. Diese Verlautbarungen sind doch auch Ausdruck eines jeweiligen Zeitgeistes und dessen ihn begründende Einstellungen. Es war schon erwähnt worden, daß in England erst 1961 Selbstmordhandlungen straffrei wurden. In Deutschland waren und sind Selbstmord und Selbstmordversuch keine strafbaren Handlungen des Gesetzes. Gleichwohl kommt die Diskussion darüber nicht zur Ruhe, ob eine Teilnahme am Selbstmord oder die Unterlassung seiner Verhinderung nicht doch zu ahnden wären. Eine sehr gute Übersicht der

aktuellen Kontroverse ist gerade eben vom Münchner Strafrechtswissenschaftsinstitut durch *Claus Roxin* vorgelegt worden (1977). Daraus geht hervor, daß zwar sehr unterschiedliche Auffassungen vorherrschen und auch entsprechend praktische Konsequenzen daraus gezogen werden, sich jedoch bei sorgfältiger Durchsicht und konsequenter Gedankenführung eine klare Position herausarbeiten läßt.
Ausgangspunkt der unterschiedlichen Auffassungen sind so dramatische Lebenssituationen wie z. B. diese, in der eine Frau mit ansieht, wie sich ihr Verlobter mit einem von ihr gekauften Strick stranguliert, keine Rettungsversuche unternimmt und den Verlobten dabei umkommen läßt (Bundesgerichtshof 1960). In einem anderen Fall vergaß ein Polizist seine Dienstpistole in seinem Auto; in einem unbewachten Augenblick erschoß sich seine Freundin mit dieser Dienstpistole, nachdem der Polizist für kurze Zeit das Auto verlassen hatte (Bundesgerichtshof 1972). Ein österreichisches Gericht hatte über die Frage zu entscheiden, ob ein Verlobter zu bestrafen sei, der seine von ihm schwangere Braut zu einem tiefen Teich begleitete und dort nicht vorm Ertrinken abgehalten hatte.
Die Rechtsauffassung in Deutschland tendierte in solchen Fällen dahin, sogenannte Teilnahme, Anstiftung, Verleitung oder gar Mittäterschaft im Zusammenhang mit Selbstmord zu verneinen, weil logisch konsequent durchdacht für eine an sich straffreie Tat die Umgebung nicht dann doch noch zur Verantwortung gezogen werden kann. In einem Lehrkommentar zum Strafgesetzbuch der DDR von 1968 wird ganz ausdrücklich vermerkt, daß Teilnahmehandlungen an einer Selbstmordtötung nicht strafbar sind, weil es an einer strafrechtlichen Haupttat fehlt. Diese Tendenz, die sich mit dem Gesetzestext begründen läßt, ist wohl sehr verbreitet, allerdings wird sie

nicht von allen Praktikern unterstützt. So gibt es vereinzelt Meinungen, die religiöse, moralische, ethische oder philosophische Überzeugungen zum Selbstmordproblem in Rechtssätzen ausdrücken zu müssen glauben. Durch eine so gehandhabte höchstrichterliche Rechtsprechung soll dann eine von bestimmten Kreisen empfundene Gesetzeslücke indirekt geschlossen werden. Der Deutsche Bundesgerichtshof formulierte 1954: „Jeder Selbstmord – von äußersten Ausnahmefällen vielleicht abgesehen (gedacht war an eine unheilvolle und qualvolle Krankheit) – ist vom Sittengesetz streng mißbilligt, da niemand selbstherrlich über sein eigenes Leben verfügen und sich den Tod geben darf . . ." (Bundesgerichtshof, 1954). Im Jahre 1972 ist durch die Entscheidung im Polizistenfall dieser Rigorismus wieder aufgegeben worden, der auch damals schon nach Meinung vieler Juristen weit über die Kompetenz eines Gerichtes hinausging. Die Wahrung der Rechtsordnung ist unter Umständen ohne Zuhilfenahme philosophischer Voraussetzungen nicht möglich, aber die Voraussetzungen selbst – oder konkreter gesagt Glaubenssätze – sind durch die Gerichte nicht zu erlassen. Der Streit kann höchstens darum gehen, welche Normen noch bestehen und welchen Normen die Mehrheit der Betroffenen folgt.
Wenn man einer grundsätzlichen Verurteilung des Selbstmordes und Selbstmordversuches in der rechtlichen Praxis aus dem Wege gehen will, weil sie kein Tatbestand des Strafgesetzbuches sind, ist konsequent die pragmatische Überlegung, daß die Teilnahme am Selbstmord höchstens unter bestimmten Qualifizierungsgründen wie Lebensalter, Krankheit, geistige Umnachtung oder anderen problematisch werden kann. Dadurch entsteht unter Umständen eine besondere Schutz- und Fürsorgepflicht, insbesondere dann, wenn diese noch durch eigene

Behandlungsverträge wie dem zwischen Arzt und Patient begründet wird.
Die tolerantere Auffassung über den Selbstmord und die Teilnahme daran, für welche die Bundesgerichtshofsentscheidung aus dem Jahre 1972 den Anstoß gegeben hat, wenn sie auch in vielen anderen Entscheidungen und durch viele andere Untergerichte keineswegs konsequent verfolgt wird, ringt sich zu einem Respekt vor der freien Willensbildung und vor der freien Willensbestimmung jedes einzelnen Menschen durch. Das Grundgesetz sichert ja auch jedem Bürger das Recht zur freien Entfaltung der Persönlichkeit zu. Dadurch bekommt die Frage auf ein Recht zur Selbstmordverhütung oder die nach dem Zeitpunkt, wann Selbstmordverhütung notwendig wird, die Wendung, ob unter Umständen Verhinderung von Selbstmord Nötigung darstellen kann und dem zitierten Recht auf freie Willensbestimmung widerspricht. Kann Selbstmordverhütung also gar grundgesetzwidrig sein? Praktisch hat für solche Fälle das Fehlen genauer Vorschriften und Abgrenzungen noch nie dazu geführt, daß jemand, der Selbstmord auch gegen den Willen des Betreffenden verhindern wollte, zur Verantwortung gezogen wurde. Jedoch legitimiert sich der Arzt oder medizinisches Personal am einfachsten mit der Annahme, sein Patient stehe als Kranker zu ihm in einem Behandlungsvertrag, mutmaßlich willige er in alle Maßnahmen zur Gesundung und Erhaltung des Lebens ein, und schließlich sei der Wille des Patienten, sterben zu wollen, aus krankhaften Gründen und nicht im Vollbesitz seiner geistigen Kräfte zustande gekommen. Unter diesen Voraussetzungen sind Arzt und medizinisches Personal zur Hilfe verpflichtet, wohingegen eine allgemeine Hilfeleistungspflicht bei der Selbstmordhandlung nicht besteht, weil diese nicht ohne weiteres als Unglücksfall interpretiert

werden kann. Der Bundesgerichtshof hat dies in seiner Entscheidung vom Jahre 1954 zwar noch getan und damit über 20 Jahre lang die Verpflichtung zur Selbstmordverhütung so abgeleitet. Nach dem Urteil aus dem Jahre 1972 ist die Situation aber anders.

Die Schutzbefohlenheit als solche reicht denn auch nicht zur Grundlage des Tätigwerdens der Polizei aus, wenn sie Lebensmüde in Gewahrsam nimmt und späterer Verwahrung übergibt zur Abwendung sogenannter Selbstgefahr. Der Staat übernimmt hier eine Fürsorgepflicht an seinen Bürgern in spezieller zeitlicher Begrenzung und speziell zum Schutz vor der Gefahr der Selbsttötung unter der unausgesprochenen Voraussetzung, daß die Absicht zur Selbsttötung einer durch Krankheit eingeschränkten oder aufgehobenen, nicht mehr freien Willensbestimmung entspringt.

Wenn wir auf der Suche nach einer Rechtfertigung zur Selbstmordverhütung und nach dem Zeitpunkt, wann Selbstmordverhütung notwendig wird, noch einmal zusammenstellen, was in den Gesetzen steht und wie sie praktiziert werden in unserem Lande – den Vergleich mit anderen Ländern hat *Simson* fesselnd dargestellt (1976) –, ergibt sich, daß in Deutschland Selbstmord und Selbstmordversuch nie strafbar waren. Der Gesetzgeber hat eine Ausuferung des Strafrechtes in unzuständige Bereiche vermieden. Als unzuständiger Bereich wurde die Strafverfolgung der eigenen Person empfunden, insofern beim Selbstmord ja der einzigartige Fall der Identität von Täter und Opfer vorliegt, wo anders das Strafrecht sich ja nur um die Ahndung von Taten gegen fremde Personen kümmert. Die Grenzfälle von Doppelselbstmord, bei dem z. B. Liebespaare sich gegenseitig den Tod geben oder der Lebensmüde erst seine Familie tötet, verwischen diese Identität von Täter und Opfer

gehindert werden kann. Dieser Übertritt in den moralischen Bereich erklärt denn auch gelegentliche Versuche, Selbstmordhandlungen zu disqualifizieren und die Umwelt dann doch dafür verantwortlich zu machen. Man überläßt dem Bürger da nicht die Erfüllung der humanen Pflicht, sondern fordert sie von ihm, indem man auf eine wie auch immer begründete Sittenwidrigkeit zurückgreift. Die Formulierung des Bundesgerichtshofes aus dem Jahre 1954 war schon erwähnt worden, die den Selbstmord als „vom Sittengesetz streng mißbilligt ..." einstuft. So etwas erscheint bedenklich, insofern dann ein solches Sittengesetz auf seine Gültigkeit hinterfragt werden müßte. Sonst entgleiten solche Formulierungen leicht zu persönlichen Weltanschauungen, auf die zwar jeder sein persönliches Recht hat, die aber nicht zum Maßstab allgemeiner Weltordnungen gemacht werden können. In dem bereits erwähnten Urteil zur Lohnfortzahlung wird eben eine sehr persönliche Meinung über die Selbstmordhandlung vorgetragen, wenn sie als sittenwidrig und der Würde des freien, natürlichen, vernünftigen Menschen widersprechend qualifiziert wird. Darüber gibt es aber auch wohlbegründete andere Meinungen. Daher ist es vielleicht weniger sinnvoll, solche Urteile als inhuman zu bezeichnen. Letztlich sind sie falsch, insofern sie die Grenzen positiv gesetzter Rechtsordnung überschreiten. Die Rechtsgelehrten haben aber in diesem und anderen Urteilen mit ihren Hinweisen auf das Sittengesetz, auf die Vernunft, auf die Natur des Menschen, auf den Selbsterhaltungstrieb ganz klar die Möglichkeit offengelassen, daß der Selbstmord aus freiem Willen entstehen kann und von daher ein Recht auf Selbstmord besteht. So kompliziert und fragwürdig manche juristischen Urteile sind, einen Respekt vor der freien Entscheidung des Lebensmüden enthalten sie alle. Die Rechtswis-

senschaft hat die Freiheit zum Selbstmord grundsätzlich mühsam herausgearbeitet. Sie beläßt sie im straffreien und gesetzesfreien Raum und verpflichtet grundsätzlich auch niemanden, in diese Handlung einzugreifen. Es muß ruhig und konsequent zu Ende bedacht werden, daß die Forderung nach der Möglichkeit zur Erlangung der Freiheit im selbstgegebenen Tod ihren Niederschlag auch in der herrschenden deutschen Rechtsauffassung findet.
So kann sich Selbstmordverhütung nicht auf das gesetzte Recht, nicht auf das praktizierte Recht und auch nicht auf die Rechtsgelehrsamkeit berufen, indem sie die Rechtfertigung ihrer Tätigkeit aus einer Pflicht gegenüber dem Gesetz ableitet. Die umfangreiche Tätigkeit der Selbstmordverhütung geht jedenfalls sehr weit über den Personenkreis der Ärzte, die Kranken helfen müssen, und über den Zeitpunkt hinaus, in denen jemand nicht gerade Herr seiner Sinne ist, wo es also eine Gesetzespflicht zu erfüllen gilt. Wir müssen uns daher weiter um die Frage der Berechtigung nach erweiterter Selbstmordverhütung bemühen und die Frage nach dem Zeitpunkt, wann sie notwendig wird.
Die dargestellte Toleranz der Juristen macht ihre Einschränkung wie gesagt bei Schutzbefohlenheit und Hilfsbedürftigkeit, wie diese auch im einzelnen für den Lebensmüden ausgelegt werden mag. Der Schwerpunkt, um den die Auslegungen der Hilfsbedürftigkeit kreisen, ist die Krankheit. Schon das katholische Kirchenrecht hatte Selbstmord dann nicht für Todsünde erklärt und das Begräbnis verweigert, wenn Geisteskrankheit als Ursache vorgelegen hat (Canon 1240). Für den Fall wird angenommen, daß die freie Willensbestimmung ausgeschlossen war und der Betreffende nicht verantwortlich gehandelt hat. Genau für denselben Fall und unter derselben Voraussetzung

verpflichtet das deutsche weltliche Recht die Umstehenden zur Hilfeleistung und Verhinderung. Die Diskussion erreicht damit eine neue Ebene und eine neue Zuspitzung in Richtung auf die Frage, ob die Selbstmordhandlung in jedem Falle eine Krankheit ist und konsequent eine Krankheit, die die freie Willenbestimmung ausschließt. So verlockend es ist, damit eine Schuldlosigkeit der Suizidanten und eine Schuldunfähigkeit zu begründen und damit Selbstmordverhütung selbstverständlich zu betreiben, so entwürdigend kann es unter bestimmten Umständen werden, jeden Willen zum Sterben zur Krankheit, ja zur Krankheit der Verblödung zu entwerten.

Es muß unverhohlen festgestellt werden, daß die professionelle Selbstmordverhütung mit den Schwerpunkten in Medizin und Psychologie es schwer hat, Selbstmordhandlungen anders als krank oder abartig zu verstehen. Das hat seinen historischen Grund darin, daß lange Zeit nur im Zusammenhang mit Patienten Selbstmordhandlungen beobachtet wurden. Der andere Umstand ist, daß früher nur mit Hinweis auf ein Gesundheitsproblem Interesse in der Öffentlichkeit an der Not der Lebensmüden geweckt werden konnte. So hat seit 1948 *Ringel* ganz entschieden den Nachweis erbringen wollen und bedenkenswerte Befunde dazu erhoben, daß Selbstmord immer der Abschluß einer krankhaften Entwicklung oder Ausdruck einer neurotischen Lebensverunstaltung ist (1953/1961). Ich selbst habe 1971 noch nachdrücklich zeigen wollen, daß Selbstmord in keinem Falle ohne Depression möglich ist (1971). So ganz geht aber die Rechnung nicht mehr auf, wenn auch die Psychologie oder Psychodynamik der Selbstmordhandlung diese als abweichend auffälliges Phänomen erkennbar macht. Jedoch decken unsere fragwürdig gewordenen Begriffe von Krankheit und Gesundheit bei weitem nicht alles (*Pohlmeier*, 1977), und

man wird auch ohne so enge Zuordnungen der Selbstmordhandlung zu Krankheit und Gesundheit Mittel der öffentlichen Hand zur Hilfe zu bekommen suchen. Selbstmordverhütung wird es in Zukunft nicht mehr nötig haben, sich nur noch ausschließlich und total auf dem Weg über die Krankheit, genauer gesagt Geisteskrankheit zu rechtfertigen.
Es ist natürlich naheliegend, auch so einen schon erwähnten Selbstmord wie den des Pfarrers *Brüsewitz* 1976 oder den der *Ulrike Meinhof* im selben Jahr auf Krankheit zu beziehen und bei anderen persönlichen Dispositionen sich andere Auswege vorzustellen. Doch wird gerade in solchen Extremsituationen sichtbar, wie frei unter Umständen ein Entschluß zum Selbstmord sein kann, gerade weil es Alternativen gibt. Das wird man bei vorsichtiger Abschätzung wohl auch für *Ulrike Meinhof* sagen müssen, deren Name bei aller Vieldeutigkeit des Geschehens hier bewußt nicht ausgeklammert werden soll, wenn andererseits auch zu wenig biographisches und situatives Material vorliegt, um verbindliche Deutungen machen zu können.
Die Selbstmorde von Stammheim spitzen diese Frage zu. Waren sie Folge von Depression und Verzweiflung angesichts absoluten Scheiterns und totaler Isolierung? Waren diese Selbstmorde, die mehrfach angekündigt wurden, ein Hilfeschrei an die Umwelt, die darauf nicht gehört und nichts zur Verhinderung getan hat – die Nächstenliebe, welche keine Ausnahme kennt, vergessend? Waren diese Selbstmorde politische Strategie? Zur Beantwortung dieser Fragen fehlen auch hier die dazu nötigen Unterlagen.
Leichter sind die Situationen, in denen der Major *Dreyfus* oder General *Rommel* die Pistole gereicht bekamen, um einem jeweils fragwürdigen Vaterland die letzte Ehre zu erweisen, oder

wo in Konzentrationslagern, in denen sonst wenig Selbstmorde vorkamen (*Matussek*, 1971), Menschen den Freitod wählten, um durch Aussagen oder Verrat andere nicht zu gefährden. Sollten alle diese oder die erwähnten alten Tibetaner, die den Stamm verlassen und Hand an sich legen, um wegen ihrer Gebrechlichkeit und Arbeitsunfähigkeit den anderen nicht mehr zur Last zu fallen, „krank" sein? Und wie war es mit dem schwedischen Hauptmann *Wennerström*, der lange Zeit im Dienste der Spionage unauffällig gewesen sein soll – durch genauere Untersuchung seiner Persönlichkeit belegt – und dann gewissermaßen plötzlich unter den veränderten Bedingungen der Haft als Geheimnisträger von eigener Hand sterben wollte (*Simson*, 1976). Politische und historische Situationen können nicht, wie das zum Teil auch mit den Studentenunruhen von 1968 gemacht worden ist, zu einem Medizinikum entwertet werden (1969). Es erscheint naheliegend, Menschen, die sich in solchen Extremsituationen befinden, wie den Protest gegen Staat und Kirche, wie den Untergrund oder den Terrorismus, wie die Spionage und andere, von vornherein als nicht mehr gewöhnlich oder einer Allgemeinheit zugehörig zu empfinden. Gerade das aber ist nicht zulässig, nicht wahr und schlägt der Würde des Menschen ins Gesicht. So frei, wie jemand für diese oder jene außergewöhnliche Lebensgestaltung sich zu entscheiden das Recht hat, so hat er auch – ohne als krank, als abnorm oder als abweichend bezeichnet zu werden – das Recht auf sein Sterben zur Abwendung von Siechtum oder in der Wahl des Freitodes zur Abwendung von Versklavung oder einfach, weil er es so will. Das ist nicht eine willkürliche Meinung, sondern die strenge Konsequenz aus unserer humanistischen Tradition, deren Grundlage genau diese Freiheit und Würde des Menschen immer gewesen ist.

Auf der Suche nach der Rechtfertigung zur Selbstmordverhütung und nach dem Zeitpunkt, wann diese notwendig wird, begeben wir uns in zu fester Anklammerung an Krankheit oder gar Geisteskrankheit unter Umständen anderer grundlegender Möglichkeiten. Vielleicht geht es hier gar nicht um die Frage nach Krankheit und Gesundheit, sondern einfach darum, wer will Hilfe und wer braucht sie, oder wer will Hilfe nicht und für wen wird sie aufdringlich? Insbesondere die Soziologie redet davon, wie die Beziehung des Suizidärs zu seinen Mitmenschen ist. Ob die schon fast zu Schlagwörtern gewordenen Formulierungen wie Appellfunktion oder Hilfeschrei an die Umwelt diese Beziehung nun annähernd richtig oder gar umfassend treffen, soll als Frage ruhig offenbleiben. Fest steht, daß es Hilfesuchende gibt, Menschen, die in der Telefonseelsorge anrufen oder bei anderen Beratungsstellen, die zum Arzt oder Psychologen gehen, mit Bekannten oder Verwandten über ihre Selbstmordgedanken sprechen und die Frage aufwerfen, ob sie es tun sollen oder nicht. Oft stellt sich dann dabei heraus, daß die Menschen nur auf ein erlösendes Wort warten, das ihnen einen Ausweg aus einer bestimmten unbefriedigenden Lebenssituation weist. Gesprächspartner solcher Gruppen wissen davon viel zu erzählen, wie akute Nöte mit Beruf, Geld, Familie, Liebe, Kindern, Schule, Krankheit, Alter, Schuld und nahezu allen Bereichen des Lebens in eine Ausweglosigkeit führen, die nach Hilfe verlangt und wo für den Betreffenden selbst kein Ausweg mehr erkennbar ist. Bei vielen darf vorausgesetzt werden, daß sie sich wegen Rat und Hilfe an andere wenden und die Selbstmordabsicht und dann auch der Selbstmordversuch tatsächlich ein Hilferuf ist, der nicht überhört werden darf. Die Zurückverweisung auf die eigene Entscheidungsfähigkeit käme hier dann nicht der Würde des Menschen entgegen und würde hier nicht seine Freiheit anerkennen, sondern verstöße gegen die Angewiesenheit der Menschen untereinander, die als soziale Wesen in einer wie auch immer gearteten Gemeinschaft miteinander leben. Appell oder Hilfeschrei, wie man zu diesem Sprachgebrauch auch geschmacklich stehen will, um Hilfe wird gebeten, und Zentren zur Selbstmordverhütung werden gefordert und in Anspruch genommen. In England ist die Zahl der Selbstmorde seit Einführung der *Samaritans* 1953 um ein Drittel zurückgegangen, in Wien seit Einführung der Lebensmüdenfürsorge 1948 von jährlich 28 pro 100 000 auf 22 gesunken. Es gibt andere Beispiele. Man darf davon ausgehen, Hilfe wird gesucht und angebotene Hilfe aufgegriffen. Wenn man diese Hilfesuchenden genau betrachtet, so sind sie nicht alle krank, wenn man nicht einen ganz weiten Krankheitsbegriff zugrunde legt, wonach dann niemand mehr gesund ist. Es erscheint fruchtbar herauszustellen, daß auch ohne Krankheit Hilfsbedürftigkeit vorhanden sein kann. Diese Hilfsbedürftigkeit, hat sie nun krankhafte oder andere Gründe, erfordert entsprechende Reaktionen und rechtfertigt sie auch. Zur entscheidenden Frage wird, wie diese Reaktionen auszusehen haben.

Wie der Arzt allgemein seinem kranken Patienten gegenüber eingestellt sein sollte, ist inzwischen auch problematisch geworden, insofern auch diese Einstellung anmaßend, überheblich, unangemessen und sonst was gefunden worden ist. Die Bemühungen der Medizinischen Psychologie um eine Erforschung der Erfordernisse des Arzt-Patienten-Verhältnisses oder auch die Kassandrarufe über die Medikalisierung des Lebens durch *Iwan Illich* (1975) sollten nicht als Hirngespinste einzelner oder eines närrischen Phantasten angesehen werden. So selbstverständlich ist die Reaktion des Arztes auf seinen

Kranken nicht mehr. Schon dafür, aber noch mehr für den direkten Umgang mit Menschen, die zur Lebensmüdenberatung kommen, ist sicher, daß das Angebot an Hilfe auf die gewünschte Hilfe nicht unverschämt und anmaßend zu sein braucht und natürlich auch nicht sein darf. Anfang und Ende des Angebotes an Hilfe, auf erwünschte Hilfe ist Unaufdringlichkeit. Diese muß so weit gehen, daß nicht mit allen Mitteln und unter allen Umständen jemand am Leben erhalten werden soll, sondern daß man auch in Ruhe jemanden seinen Tod sterben lassen kann, so weit, daß zwei Menschen miteinander reden und ihre Entscheidung für sich selber finden und einander respektieren. Dann kann Selbstmordverhütung sich rechtfertigen, dann wird es viele Zeitpunkte geben, wo Selbstmordverhütung notwendig wird über die Fälle hinaus, wo Arzt und ärztliches Personal ihren Kranken gegenüber im Zustand eingeschränkter Willensfreiheit auch vom Gesetzgeber verpflichtet werden.

Wir kommen am Schluß zu dem Ergebnis, daß es ein Recht zur Selbstmordverhütung gibt und sie ihre Aktivitäten rechtfertigen kann. Voraussetzung der Rechtfertigung und der Tätigkeit ist, daß Selbstmordverhütung auf jeden Fall unaufdringlich geschieht. Zu dieser Unaufdringlichkeit gehört, Freiheit und Würde des anderen zu respektieren und ihn seinen Tod sterben lassen zu können. Es gehört dazu auch der Respekt, den anderen die Art und den Zeitpunkt seines Sterbens wählen zu lassen und ehrfürchtig etwas nicht nachvollziehen zu können. Auf der anderen Seite steht die Fähigkeit, einen Hilferuf zu vernehmen und ihn nicht zu überhören. Dann ist die Bereitschaft zur mitmenschlichen Auseinandersetzung gefordert und der Versuchung zu entgehen, den anderen in die Einsamkeit der Freiheit ungewollt allein zu entlassen. Es ist nicht gut, daß der Mensch allein sei, wenn er es nicht will. Recht zur Selbstmordverhütung wird dann zur humanen Pflicht und erhält von daher ihre überzeugendste Rechtfertigung. Juristisch hat der Arzt seinem kranken Patienten als Schutzbefohlenen gegenüber eine Pflicht zur Hilfeleistung, wenn sicher ist, daß die Selbstmordhandlung krankhafte Ursachen hat und dadurch die freie Willensbestimmung eingeschränkt ist. Selbstmordverhütung reicht weit über diesen juristischen Rahmen hinaus. Sie rechtfertigt sich ebenso außerhalb der Medizin. Ihr Zeitpunkt kommt in dem Augenblick, wo zwei Menschen sich begegnen.

Gesellschaftliche Einflußgrößen auf die Selbstmordhandlung von Dipl.-Soz. Rainer Welz

Selbstmordhandlungen – gleichwohl ob vollendete Suizide oder Suizidversuche – sind menschliche Verhaltensweisen und unterliegen damit wie andere Verhaltensweisen auch normativen gesellschaftlichen Bewertungszusammenhängen. In Europa und im Kulturkreis islamitischer Religionen sind Selbstmordhandlungen durch starke soziale Normen verboten. Selbstmorde und Selbstmordversuche unterlagen zum Teil bis in die Mitte des 20. Jahrhunderts kirchlichen oder rechtlichen Sanktionen. Obwohl Selbstmorde weder im Alten noch im Neuen Testament ausdrücklich verboten sind, ist die Kirchengeschichte seit dem Konzil von Arles im Jahre 452 gekennzeichnet durch eine eindeutige Ablehnung der Selbstmordhandlung. Im Zivilrecht wurden den religiösen Strafen materielle Strafen noch hinzugefügt. Bei allen christlichen Völkern fand man die gleiche strenge Gesetzgebung gegen Selbstmordhandlungen.
Die Hinterlassenschaft von Selbstmördern wurde konfisziert und fiel dem Lehnsherren zu. Angehörige des Adels wurden degradiert, ihre Wappenschilder wurden zerbrochen und ihre Schlösser zerstört. Selbstmördern wurde nicht nur das christliche Begräbnis verweigert; häufig wurden ihre Leichen verbrannt oder auf öffentlichen Plätzen an den Füßen aufgehängt. In England fand die letzte offiziell berichtete Degradierung des Leichnams eines Selbstmörders im Jahre 1823 statt; der Selbstmörder wurde damals an der Kreuzung von Grosvenor Place und King's Road in Chelsea verscharrt.
Ähnlich streng waren die Bräuche im Einflußbereich der islamitischen Religionen, Selbstmord wurde als Akt des Ungehorsams und der Auflehnung gegen den Willen Gottes und als Verletzung der grundlegenden Pflichten angesehen. Auch heute noch steht nichts der Geisteshaltung der mohammedani-

schen Zivilisation ferner als der Selbstmord. Bei der psychiatrischen Behandlung von ägyptischen Studenten fiel auf, daß sich auch bei schwersten Depressionen keine Selbstmordgefahr erkennen ließ. Stark depressive Menschen gehören in den Ländern der westlichen Welt dagegen zu der Gruppe mit dem höchsten Selbstmordrisiko. Depression – gleich, ob es sich dabei um eine Psychose oder um eine reaktive Depression handelt – ist eine Gleitschiene, von der die Entwicklung zum Selbstmord oft ihren Ausgang nimmt (*Pohlmeier*, 1971).
Nicht in allen Ländern wurden Selbstmordhandlungen so stark tabuisiert und sanktioniert wie in Europa oder denjenigen Ländern, die im islamitischen Glaubensbereich liegen. Es sind Kulturen bekannt, in denen Selbstmorde nicht abgelehnt, sondern vielmehr zum moralischen Obligat erhoben worden sind. Die klassischen Länder dieser Art des Selbstmordes sind Indien und beinahe der gesamte ostasiatische Raum. Die meisten der dort begangenen Selbstmorde lassen sich einer der vier folgenden Kategorien zuordnen:

1. Selbstmorde von Menschen, die an der Schwelle des Alters angekommen sind oder unter Krankheiten zu leiden haben,
2. Selbstmorde von Frauen beim Tod ihrer Gatten,
3. Selbstmorde von Gefolgsleuten und Dienern beim Tod ihrer Herren und
4. Selbstmorde bei Beleidigungen oder zur Wiederherstellung der persönlichen Ehre, wie dies insbesondere in der Sitte des japanischen Harakiri gepflogen wird.

In den Ländern, in denen *Selbstmordgebote* bestanden und jene Formen von Selbstmord häufig waren, finden sich auch heute noch hohe Selbstmordraten.

Das Aufkommen der Selbstmordverhütung

In den europäischen Ländern trat mit der Zeit der Aufklärung eine Gegenbewegung zur Tabuisierung und negativen Sanktionierung von Selbstmordhandlungen ein. Als erster Staatsmann hob Friedrich der Große 1751 die Vorschriften über die Bestrafung des Selbstmordversuches auf. Langsam setzte sich auch in anderen Staaten eine Liberalisierung der Anschauung durch, die sich bis in die heutige Zeit fortsetzt. Frankreich schaffte 1790, Österreich 1850 und England erst im Jahre 1961 die Bestrafung des Selbstmordversuches ab.

Parallel zu dieser Entwicklung setzte auch das wissenschaftliche Interesse am Selbstmord ein. In der späten zweiten Hälfte des 19. Jahrhunderts legte *Emile Durkheim* mit seiner Monographie „Der Selbstmord" den Anfang der empirischen Suizidforschung, die seit ihrem Beginn als Fachbereichsgrenzen überschreitende interdisziplinäre Forschung betrieben wurde. Bis heute sind weit über 10000 wissenschaftliche Veröffentlichungen aus dem Bereich der Medizin, der Psychologie und der Soziologie über Selbstmord, Selbstmordversuch und Selbstmordverhütung erschienen.

Das breitgefächerte wissenschaftliche Interesse am Selbstmord führte auch zu vermehrten Anstrengungen, Selbstmordhandlungen zu verhüten.

In vielen Ländern wurden nationale Gesellschaften für die Selbstmordverhütung gegründet. Die von *Erwin Ringel* ins Leben gerufene internationale Vereinigung für Selbstmordprophylaxe führte 1975 in Jerusalem bereits ihren 8. Weltkongreß durch. Der internationale Verband für Telefonseelsorge traf sich 1976 in Berlin zu seinem 7. Kongreß. Der Verband besteht inzwischen aus mehr als 15 Landesverbänden mit über 20000

Mitarbeitern. Neben der allgemein verbreiteten Arbeit mit dem Ziel der Selbstmordverhütung in offenen Beratungsstellen und der Telefonseelsorge sind im deutschen Sprachraum besonders die Lebensmüden-Beratung in Berlin und die Lebensmüden-Fürsorge in Wien bekannt geworden. Mit größtem wissenschaftlichem Aufwand wird seit Ende der fünfziger Jahre das „Los Angeles Suicide-Prevention-Center" betrieben. Inzwischen gibt es in mehr als 200 amerikanischen Großstädten derartige Suicide-Prevention-Centers.

Soziologie der Selbstmordhandlung

Wenn wir uns mit gesellschaftlichen Einflußgrößen auf die Selbstmordhandlung beschäftigen, dann bleibt jetzt noch die Frage zu klären: Was ist eine Soziologie der Selbstmordhandlung und wie lautet die genaue Fragestellung, die ein Soziologe wählt, wenn er sich mit dem Thema „Selbstmord" auseinandersetzt.
Die Soziologie beschäftigt sich vorwiegend mit der Beschreibung und der Erklärung kollektiver sozialer Phänomene; im Zusammenhang mit dem Thema „Selbstmord" würde die Soziologie danach fragen, ob bei Mitgliedern bestimmter sozialer Schichten, ob zu bestimmten Zeitpunkten oder in bestimmten Wohngebieten Selbstmordhandlungen gehäuft zu finden sind – die Soziologie untersucht also die *Selbstmordrate* in Abhängigkeit anderer sozialer Phänomene wie z. B. der sozialen Schichtstruktur, der Ausstattung von Wohngebieten oder – wie dies aus dem Einleitungskapitel hervorgeht – in Abhängigkeit des dominanten Zeitgeistes.
Der Soziologie geht es also nicht darum zu klären, warum der

einzelne in einer konkreten Situation eine Selbstmordhandlung begangen hat, sondern darum zu zeigen, wie sich Individuen, die zu ganz verschiedenen Zeitpunkten, in ganz verschiedenen Situationen und mit völlig unterschiedlicher Psychodynamik eine Selbstmordhandlung unternommen hatten, über diese Verschiedenheiten hinaus in ihren Sozialbezügen ähnliche oder gleiche Merkmale aufweisen.

Der soziologische Ansatz in der Selbstmordforschung verkörpert also eine bestimmte Fragestellung, die nicht *gegen* psychologische oder medizinische Fragestellungen gerichtet ist, sondern diese zu ergänzen versucht. Ich sehe in diesem Zusammenhang mindestens fünf Fragestellungen:

1. Die erste Frage ist ganz grundsätzlicher und allgemeiner Art und bezieht sich auf eine Bestandsaufnahme der Häufigkeit von Selbstmordhandlungen und auf die Abschätzung der Dunkelziffer.
2. Die zweite Fragestellung ist ebenfalls noch sehr allgemein und bezieht sich auf die Beschreibung jener Merkmale, die bei Menschen mit Selbstmordhandlungen häufig zu finden sind.
3. Die dritte Frage bezieht sich auf die Beschreibung der räumlichen Verteilung von Selbstmordhandlungen. Die Frage, in welchen Gebieten Selbstmorde und Selbstmordversuche gehäuft auftreten, ist gleichsam die klassische epidemiologische Fragestellung, wie sie von *Faris & Dunham* (1939) begründet wurde. *Faris & Dunham* untersuchten damals die Verteilung der Psychoseraten innerhalb der verschiedenen Stadtteile von Chicago und konnten dabei feststellen, daß die Häufigkeiten der Erkrankungen des schizophrenen Formenkreises mit dem Abstand vom Stadtkern kontinuierlich abnahmen, während die Erkrankungsraten an affektiven Psychosen zufällig über die Stadtteile verstreut waren.

4. Mit der Beantwortung der Frage, in welchen städtischen Gebieten Selbstmordhandlungen gehäuft auftreten, haben wir nur ihre räumliche Verteilung beschrieben. Die vierte Frage bezieht sich daher auf die Erklärung der räumlich ungleichen Verteilung von Selbstmordhandlungen.
5. Als fünfte und letzte Frage bliebe zu klären, inwieweit das Wissen um gesellschaftliche Einflußgrößen auf die Selbstmordhandlung für Prävention und Selbstmordverhütung nutzbar gemacht werden kann.

Häufigkeit von Selbstmordhandlungen

Zuverlässige Zahlen über die Häufigkeit von Selbstmorden und Selbstmordversuchen sind kaum zu erhalten. Nach den amtlichen Statistiken starben im Jahre 1959 9888 Personen durch Selbstmord, im Jahre 1970 waren es schon über 13000. Die Selbstmordziffer (Zahl der Suizide pro 100000 Einwohner) ist seit 1951 in der Bundesrepublik Deutschland von 18,2% auf 21,5% im Jahre 1970 angestiegen.

Selbstmorde im Bundesgebiet 1946–1973
(bezogen auf 100000 Einwohner)

	Insgesamt	männlich	weiblich
1946	17,7	24,9	11,7
1947	15,6	21,4	10,7
1948	15,8	21,1	11,2
1949	18,8	26,5	12,0

	Insgesamt	männlich	weiblich
1950	19,2	27,4	11,9
1951	18,2	25,3	11,9
1952	17,6	24,5	11,5
1953	18,2	25,7	11,7
1954	19,3	26,6	12,8
1955	19,2	26,0	13,0
1956	18,7	25,8	12,4
1957	18,3	25,0	12,4
1958	18,9	26,3	12,4
1959	18,7	25,7	12,6
1960	19,4	26,3	13,3
1961	19,5	25,9	13,7
1962	18,5	25,0	12,7
1963	19,4	26,3	13,1
1964	20,0	26,9	13,8
1965	20,0	26,8	13,8
1966	20,5	27,5	14,1
1967	21,3	29,5	13,9
1968	20,5	27,6	14,2
1969	20,9	27,7	14,7
1970	21,5	28,5	15,2
1971	20,9	27,6	14,9
1972	19,8	26,2	14,0
1973	20,8	27,4	14,7

Beachtenswert bei der relativen Stabilität der Selbstmordrate ist der starke Rückgang in Kriegs- und Krisenzeiten. So ist z. B. die Selbstmordziffer in Hamburg während der ersten Jahre des

→ jährlicher Ø: 12-15000

Zweiten Weltkrieges auf etwa 25% der Zeit vor 1932 abgesunken.

Während die Selbstmordrate seit der Gründung der Bundesrepublik nur geringfügig angestiegen ist, scheint die Zahl der Selbstmordversuche erheblich zuzunehmen und ist um ein vielfaches höher als die Selbstmordrate.

Die Abbildung auf Seite 59 verdeutlicht für Mannheim diese ansteigende Tendenz bei den Selbstmordversuchen.

Parkin & Stengel (1965) fanden in Sheffield eine Relation zwischen der Anzahl von Selbstmorden zu Selbstmordversuchen von 1:10!

Shneidman & Farberow (1961) schätzten in Los Angeles die Zahl der Selbstmordversuche auf sieben- bis achtmal so hoch wie die Zahl der vollendeten Suizide.

In Mannheim ist die Selbstmordversuchsrate fünfmal so hoch wie die Rate der vollendeten Suizide.

Durch empirische Untersuchungen belegt, ergibt sich, daß man in der Bundesrepublik Deutschland in jedem Jahr mit mindestens 100000 Selbstmordhandlungen rechnen muß. Mit Sicherheit aber kann davon ausgegangen werden, daß die Zahl der jährlich verübten Selbstmordhandlungen 100000 noch weit überschreitet. Selbstmorde werden häufig als Unfälle getarnt und gehen daher auch in keine Statistik als „Selbstmord" ein. Auch wenn ein Selbstmordversuch erst auf dem gewollten oder ungewollten Umweg über eine Verletzung, Vergiftung oder sonstige Erkrankung zum Tode führt, wird in den Krankenhäusern zumeist nur der letztgenannte Anlaß als Todesursache angegeben.

Die Dunkelziffer bei den Selbstmordversuchen dürfte noch viel größer sein. Ein von einem Individuum unternommener Selbstmordversuch kann zunächst einmal von einem anderen

Selbstmordversuche in Mannheim 1966 – 1975

(ohne Mehrfachversuche)

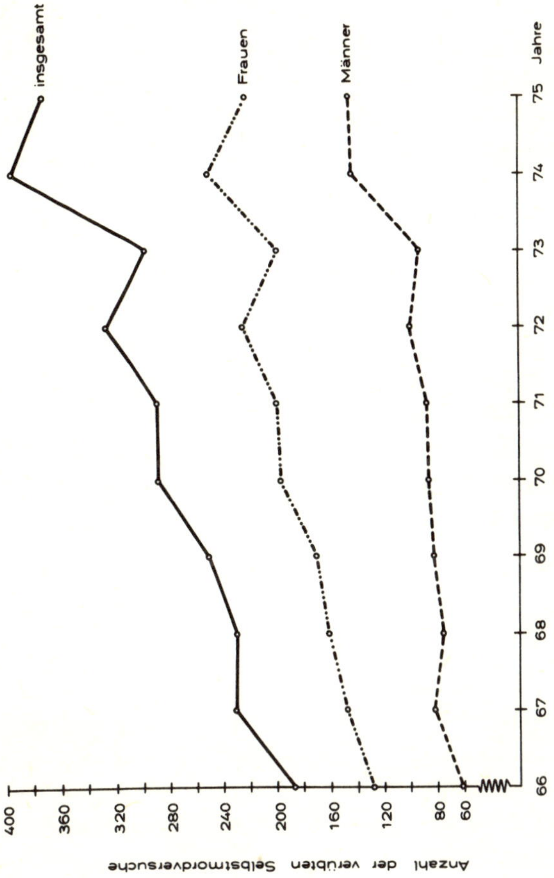

bemerkt werden oder nicht bemerkt werden. In beiden Fällen kann es sich um einen leichten oder einen schweren Suizidversuch handeln. Wenn wir uns zunächst einmal mit denjenigen Verhaltenskonsequenzen befassen, wo ein Selbstmordversuch nicht bemerkt worden war, dann müssen zwei Typen von Konsequenzen erwähnt werden, die im Zusammenhang mit der Schwere des Suizidversuchs zu sehen sind. Wenn der nicht bemerkte schwere Suizidversuch zum Tode führt, geht er im allgemeinen als vollendeter Suizid in die offizielle Statistik ein. Handelt es sich hingegen um weniger schweren und ernsthaften Suizidversuch, dann tritt allmählich eine Besserung im klinischen Zustandsbild ein, das Individuum rekonvaleszierte schnell und nimmt an der alltäglichen Interaktion wieder teil (Dunkelfeld I).

In denjenigen Fällen, wo ein Suizidversuch von Angehörigen, Nachbarn oder Freunden bemerkt wird, wird dem Individuum, das den Suizidversuch begangen hatte, zwei Arten von Hilfe zuteil: Laienhilfe oder die Inanspruchnahme professioneller Hilfe. Wenn das Angebot einer Laienhilfe schon zu einer wahrnehmbaren Besserung des Zustandes des Suizidenten führt, dann wird dieser Suizidversuch offiziell unentdeckt bleiben (Dunkelfeld II). Nur bei der Inanspruchnahme professioneller Hilfseinrichtungen hingegen besteht prinzipiell die Chance, einen Selbstmordversuch zu identifizieren und in der Statistik zu führen. Aber auch wenn tatsächlich professionelle Hilfe in Anspruch genommen wird, bleibt ein weiteres großes Dunkelfeld bestehen: Es ist nur schwer möglich, Aussagen über die Zahl der von den niedergelassenen Ärzten versorgten und direkt wieder nach Hause entlassenen Patienten mit einem Suizidversuch zu machen (Dunkelfeld III). Rechnet man zu den 100000 bekannten Selbstmordhandlungen die Zahl der unbemerkt ge-

bliebenen Suizidversuche, die Zahl der durch Freunde, Verwandte oder Nachbarn – also durch Laienhilfe – versorgten Suizidversuche und die vom Hausarzt behandelten Fälle hinzu, dann dürfte eine Schätzung der jährlich verübten Selbstmordhandlungen auf 200 000 Fälle nicht unrealistisch sein.
Die beiden Gruppen der vollendeten Suizide und der Suizidversuche unterscheiden sich zum Teil recht erheblich voneinander. Männer begehen ungefähr doppelt so häufig Suizide als Frauen, während umgekehrt Frauen häufiger Suizidversuche unternehmen als Männer. Auch hinsichtlich ihrer Alterszusammensetzung unterscheiden sich die beiden Gruppen: Suizide sind bei älteren Menschen häufiger, während Suizidversuche bei jüngeren Menschen gehäuft auftreten.
Bemerkenswert an diesem, aus einer Mannheimer Untersuchung stammenden Schaubild ist der hohe Anteil insbesondere von weiblichen Suizidpatienten in der Altersgruppe 16 bis 25 Jahre. In dieser und der folgenden Altersgruppe ist auch die Rezidivquote besonders hoch. Nach dem 25. Lebensjahr nehmen die Selbstmordversuche dann bei beiden Geschlechtern ab, wie dies auch in einer Reihe anderer Untersuchungen bestätigt wird (*Böcker*, 1973; *Boehme*, 1976). Selbstmordhandlungen – unabhängig ob sie letal enden oder bei einem Versuch bleiben – weisen weiterhin positive Beziehungen auf zu: Verwitwetsein, Unverheiratet- oder Geschiedensein, Kinderlosigkeit, hohe Bevölkerungsdichte, Wohnsitz in großen Städten, Wirtschaftskrisen, Alkoholmißbrauch, Kindheit in zerrütteten Familien, psychischen Störungen und psychiatrischen Erkrankungen.
Zu den Faktoren mit einer negativen Beziehung zu Selbstmordhandlungen gehören: niedrige Bevölkerungsdichte, Tätigkeit in ländlichen Berufen, starke religiöse Bindung, Verheiratetsein oder große Kinderzahl.

Verteilung der Suicidpatienten nach Alter und Geschlecht

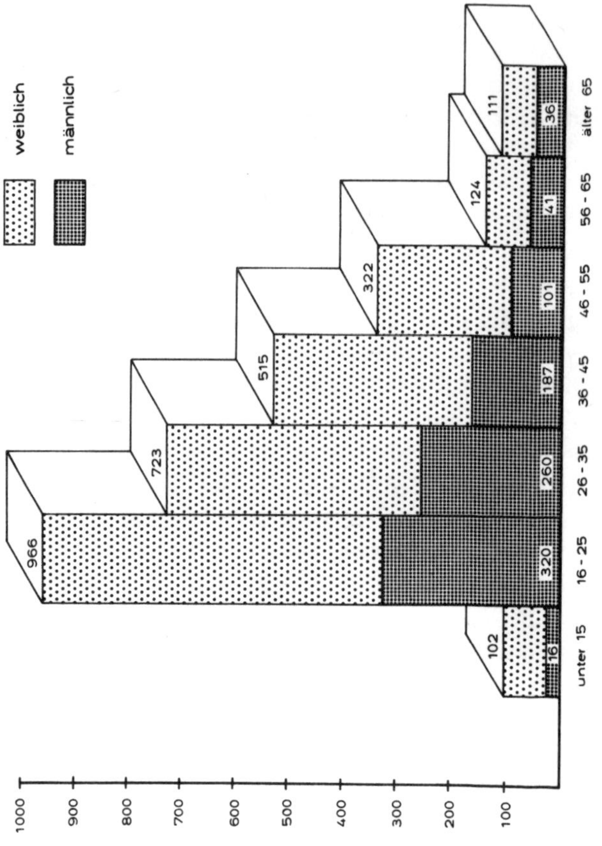

Kontinuum der Selbstmordhandlung

Die herrschende Ansicht ist, daß Selbstmordversucher und Selbstmörder zwei unterschiedliche, sich jedoch überschneidende Populationen darstellen (*Farberow & Shneidman*, 1955, 1961; *Neuringer*, 1962; *Stengel*, 1969). Die Annahme eines strukturellen Unterschiedes beider Gruppen beruht auf einem Vergleich zahlreicher exogener Faktoren und anamnestischer Daten, die von den Suizidanten oder von den Angehörigen der verstorbenen Suizidanten erfragt wurden. Ganz unabhängig von den methodischen Problemen retrospektiver Datenerfassung scheint mir die Annahme eines strukturellen Unterschiedes zwischen den beiden Gruppen von Selbstmordversuchern und Selbstmördern nicht haltbar zu sein. Selbstmordversuche stellen nämlich keine einheitlichen Verhaltenssyndrome dar, sie weisen vielmehr ein breites Spektrum von Verhalten bezüglich der Ernsthaftigkeit der suizidalen Intention und der physischen Gefährdung auf. Selbstmordversuche lassen sich daher bezüglich der „Ernsthaftigkeit der Absicht" ordnen.
Die Ernsthaftigkeit der suizidalen Handlung drückt sich sowohl in der „objektiven" letalen Wahrscheinlichkeit (Wahl des Mittels, Kontaktmöglichkeit zur Zeit des Suizidversuchs etc.) wie auch in der „subjektiven" Intention aus.
Die Differenzierung suizidalen Verhaltens bezüglich der Ernsthaftigkeit der Absicht und der physischen Gefährdung zeigt generell, daß die soziodemokratischen, situativen und motivationalen Kennzeichen der Suizidversucher denen der Suizidanten um so ähnlicher sind, je höher die objektive letale Wahrscheinlichkeit ist und je höher die subjektive Intention eingeschätzt wird. *Dorpat & Boswell* (1963) konnten nachweisen, daß der Anteil von Männern bei den Suizidversuchern mit

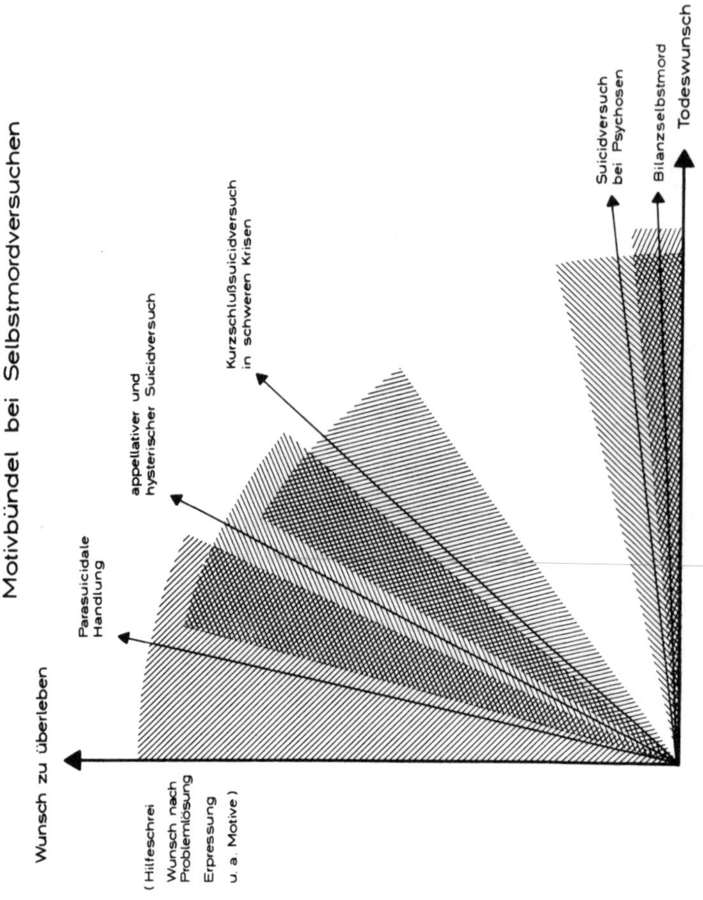
Motivbündel bei Selbstmordversuchen
Wunsch zu überleben
(Hilfeschrei
Wunsch nach Problemlösung
Erpressung
u. a. Motive)
Parasuicidale Handlung
appellativer und hysterischer Suicidversuch
Kurzschlußsuicidversuch in schweren Krisen
Suicidversuch bei Psychosen
Bilanzselbstmord
Todeswunsch

steigender Ernsthaftigkeit der Selbstmordhandlung ansteigt. Ich bin ebenfalls der Ansicht, daß die Annahme, suizidales Verhalten sei bezüglich der Letalität auf einem Kontinuum anzuordnen, durchaus sinnvoll ist, insbesondere deswegen, weil dann auch eine Einbeziehung theoretischer soziologischer Ansätze, die sich alle nur auf vollendete Suizide beziehen, für die Erklärung von Suizidversuchen möglich wird.

Selbstmordhandlungen und soziale Desintegration

Einige Abschnitte früher wurde schon einmal darauf hingewiesen, daß Selbstmordhandlungen häufig auftreten, wenn noch andere Merkmale zugegen sind. Es fällt dabei auf, daß es sich dabei um zwei unterschiedliche Arten von Merkmalen handelt, die positiv mit Selbstmordhandlungen korrelieren. Einmal handelt es sich dabei um Eigenschaften, die nur jeweils einem Individuum zukommen, wie: Alkoholkonsum, zunehmendes Alter, Verwitwet- oder Geschiedensein, Kindheit in zerrütteter Familie. Zum zweiten korrelieren Merkmale des sozialen Hintergrunds oder des sozialen Kontextes, wie z. B. hohe Bevölkerungsdichte, sich abzeichnender Beginn einer Wirtschaftskrise oder Merkmale des kulturellen Milieus, ebenfalls mit der Selbstmordrate. Dies weist noch einmal auf den engen Zusammenhang zwischen soziologischen und psychologischen Einflußgrößen auf Selbstmord und Selbstmordversuch hin.

Bei der Betrachtung der Merkmale, die häufig mit Suizidalität einhergehen, stellt man fest, daß diese Merkmale alle mehr oder weniger einen Indikator für soziale Desintegration oder soziale Desorganisation darstellen.

Bei der Verwitwung einer Frau geht es für sie nämlich nicht nur darum, die Trauer zu verarbeiten und sich gefühlsmäßig wieder zu stabilisieren. Sie verliert durch den Tod ihres Mannes auch einen großen Teil von gesellschaftlichen Kontakten, an denen sie früher partizipierte. Bei Alkoholikern stellt man häufig Interessenseinengung und eine Reduzierung des gesellschaftlichen Interaktionsradius und des gesellschaftlichen Partizipationsbedürfnisses fest. In Kriegszeiten ist die Selbstmordrate nicht nur deshalb gering, weil – wie dies von der psychoanalytischen Theorie angenommen wird – nach außen gerichtete Aggressionshandlungen stärker legitimiert sind, sondern weil die Gesellschaft durch die stärkere normative Verpflichtung des einzelnen in Kriegszeiten stärker integriert ist.

Unter Integration ist soziologisch die normative Einbindung des Individuums in vorgegebene soziale Lebensvollzüge zu verstehen. Die Normen regulieren menschliches Verhalten und legen fest, welche Ziele Mitglieder von Gesellschaften oder von Teilgruppen von Gesellschaften legitimerweise anstreben können. Die sozialen Normen beziehen sich auch auf die Mittel, die zur Erreichung der Ziele dienen und notwendig sind. Ein Individuum ist dann desintegriert, wenn es entweder nicht mehr mit den Zielen der für ihn relevanten Gruppen übereinstimmt oder wenn es die normativ geltenden Mittel zur Erreichung dieser Ziele ablehnt bzw. ihm die Mittel völlig fehlen. Der französische Soziologe *Emil Durkheim* hat gezeigt, daß eine Vielzahl nebeneinander bestehender gleichrangiger Ziele ebenfalls zu sozialer Desorganisation führen kann, wenn dadurch ein zu großer Freiheitsspielraum für den einzelnen entsteht. Ein „Zuviel" an Freiheit kann so gesehen zu übermäßiger Individuation und sozialer Desintegration führen. Als Beispiel für die Richtigkeit dieser Hypothese führte *Durkheim* die höhere Selbstmordrate von Angehörigen protestantischer

Kirchen an. *Durkheim* stellte dabei die Frage, welche Kette von Variablen so unterschiedliche Phänomene wie Protestantismus und eine hohe Selbstmordrate miteinander verbinden, und machte den „Geist des freien Fragens" für die höhere Selbstmordrate bei den Angehörigen protestantischer Kirchen verantwortlich. Was nämlich nach *Durkheim* den Katholizismus vom Protestantismus unterscheidet, ist nicht die unterschiedliche dogmatische Behandlung des Selbstmords, sondern das Ausmaß des von den Mitgliedern der beiden Kirchen zugestandenen religiösen Individualismus. *Durkheim* kommt dann zu dem Schluß, „daß der Grund für die größere Selbstmordanfälligkeit des Protestantismus darin zu suchen ist, daß er als Kirche weniger stark integriert ist als die katholische" (*Durkheim*, 1973, S. 171).

Als Resümee des bisher Gesagten läßt sich festhalten, daß soziologisch Suizidalität immer verbunden ist mit einer hochgradigen sozialen Isolation und Desintegration eines Individuums, die es ihm nicht mehr ermöglicht, sein Leben als Mitglied von sozialen Gruppen zu leben.
Es gehört nun zu den Aufgaben vom Soziologen, durch demographische, bevölkerungsstatistische und ökologische Daten das Milieu zu analysieren, in denen Merkmale sozialer Desorganisation, sozialer Isolation und sozialer Pathologie häufiger zu finden sind als in anderen Gebieten. Ein Forschungsansatz zur Feststellung und Beschreibung sozialer Desorganisation und sozialer Pathologie bietet sich in der ökologischen Analyse von Wohngebieten an. Erstmals wurde dieser Weg beschritten von *Faris & Dunham*, die feststellten, daß Erkrankungen an Schizophrenie im Stadtkern von Chikago häufiger auftraten als in den bessersituierten Wohngebieten am Stadtrand. Es liegt

nun nahe, den gleichen Weg auch zum Studium von Selbstmordhandlungen einzuschlagen und zu prüfen, in welchen städtischen Gebieten Selbstmordhandlungen gehäuft auftreten. Bezüglich der Verteilung von vollendeten Suiziden liegen Untersuchungen für die Städte Seattle, Minneapolis, Chikago und London vor (*Schmid*, 1928; *Cavan*, 1928; *Sainsbury*, 1955). Die räumlichen Verteilungsmuster von vollendeten Suiziden in diesen vier Städten sind jedoch kaum miteinander vergleichbar. Lediglich in einer Hinsicht kamen die drei Autoren zu einer gleichen Aussage.
Selbstmorde konzentrierten sich in solchen städtischen Gebieten, die durch Armut und schlechten Wohnstandard gekennzeichnet waren. Für die deutsche Großstadt Mannheim habe ich selbst eine derartige Untersuchung zur Beschreibung und Erklärung der städtischen Verteilung von Suizidversuchen durchgeführt.

Die räumliche Verteilung von Selbstmordversuchen in Mannheim

Die meiner noch nicht vollständig abgeschlossenen Untersuchung zugrunde gelegten Daten stammen aus einer Erhebung aller Patienten, die in der Zeit zwischen 1966 und 1975 an den beiden größten Krankenhäusern und Notfallambulanzen in Mannheim wegen eines Suizidversuches zur Aufnahme gekommen waren. Vollendete Suizide sind in den Stichproben nicht enthalten. In die Stichprobe der Suizidpatienten fallen insgesamt 2 863 Individuen. Jedes dieser Individuen ist nur einmal in der Stichprobe enthalten; für den Zweck dieser Arbeit wurde also jeweils nur der erste Selbstmordversuch in dem Erhebungszeitraum von 10 Jahren in die Stichprobe aufgenommen. Als weiteres Kriterium für die Aufnahme in die Stichprobe mußte die Aufnahmediagnose „Suizidversuch" gestellt worden sein; Patienten, die die Diagnose „Tablettenintoxikation", „Vergiftung", „Schnittwunde am Handgelenk" etc. erhalten hatten, wurden nur dann in die Stichprobe aufgenommen, wenn darüber hinaus in dem Notfallbehandlungsschein auch von dem behandelnden Arzt eine suizidale Absicht vermutet worden war. Als letztes Kriterium für die Aufnahme in die Stichprobe wurde gefordert, daß der Patient zum Zeitpunkt des verübten Selbstmordversuches mit seinem Wohnsitz im Stadtgebiet von Mannheim polizeilich gemeldet war. Da von jedem Patient mit einem Selbstmordversuch die genaue Anschrift bekannt war, war es ohne Schwierigkeit möglich, jedem Patienten den Stadtteil oder die Straße zuzuordnen, in dem er lebte, und so für jeden Stadtteil eine Selbstmordversuchsrate zu berechnen.

Der ersten Stufe der ökologischen Analyse wurden die 22 Stadtteile von Mannheim zugrunde gelegt. Bezogen auf 1 000 Einwohner schwankte die Selbstmordversuchsrate zwischen 4/1 000 Selbstmordversuchen in dem Villenvorort Almenhof/ Niederfeld und 17,1/1 000 Selbstmordversuchen in dem an die Innenstadt angrenzenden Hafengebiet Jungbusch-Mühlau.

Trägt man die Selbstmordversuchsraten auf einer topographischen Karte Mannheims auf, dann findet man analog den Ergebnissen ökologischer Studien über die Verteilung vollendeter Suizide ebenfalls die höchsten Raten in jenen städtischen Gebieten, die sich durch Armut und schlechten Wohnstandard auszeichnen. Diese Gebiete liegen in Mannheim in der Innenstadt und den westlich und nordwestlich an sie grenzenden Stadtteilen. Sehr niedrige Selbstmordversuchsraten finden wir

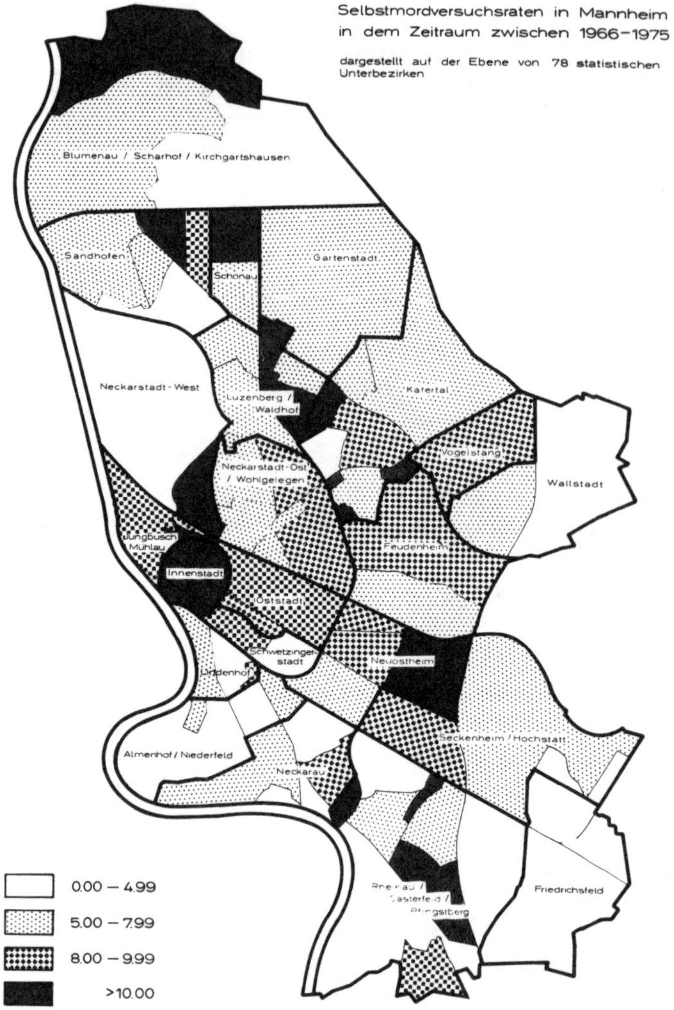
Selbstmordversuchsraten in Mannheim
in dem Zeitraum zwischen 1966–1975
dargestellt auf der Ebene von 78 statistischen Unterbezirken
Blumenau / Scharhof / Kirchgartshausen
Sandhofen
Schönau
Gartenstadt
Neckarstadt-West
Luzenberg / Waldhof
Käfertal
Vogelstang
Wallstadt
Neckarstadt-Ost / Wohlgelegen
Jungbusch Mühlau
Innenstadt
Feudenheim
Oststadt
Schwetzinger-stadt
Neuostheim
Almenhof / Niederfeld
Neckarau
Seckenheim / Hochstätt
Friedrichsfeld
0.00 – 4.99
5.00 – 7.99
8.00 – 9.99
>10.00

in den Villenvororten und den ländlichen Stadtteilen an der Peripherie: in Friedrichsfeld, Almenhof/Niederfeld und im Norden der Stadt, in Blumenau, Kirchgartshausen, Scharhof.
Auf dieser Ebene einer sehr grobrastigen Einteilung des Stadtgebietes von Mannheim in 22 Stadtteile erhielten wir also die gleichen Ergebnisse, wie sie auch in älteren Untersuchungen gefunden worden waren. Selbstmordversuche sind in jenen städtischen Gebieten häufig, die sich durch Armut und schlechten Wohnstandard und nicht durch Merkmale sozialer Desintegration auszeichnen.
Nun schließen aber extrem hohe Selbstmordversuchsraten in bestimmten Stadtteilen nicht aus, daß sich die Selbstmordversuche nur in ganz bestimmten „Vierteln" dieser Stadtteile häufen und sonst eher selten sind. Aus diesem Grund wurde die Gesamtverteilung der Suizidversuche in Mannheim noch einmal auf der feinrastigen Ebene von 78 statistischen Bezirken berechnet. Dabei gelangten wir zu einem völlig anderen Ergebnis. Gebiete mit ehemals sehr hohen Selbstmordversuchsraten ergaben nun bei näherer Analyse in nahezu allen Vororten nebeneinanderliegende Teilgebiete von extrem hohen und extrem niedrigen Raten wie z. B. in den Vororten Neckarstadt-West, Luzenberg/Waldhof, Käfertal, Rheinau oder Sandhofen. Bei dieser detaillierteren Untersuchung über die städtische Verteilung von Selbstmordversuchsraten kann nun keine Rede mehr davon sein, daß sich Selbstmordversuche primär in solchen städtischen Wohngebieten häufen, die durch Armut und schlechten Wohnstandard gekennzeichnet sind. Die Selbstmordversuchsrate ist – auf dieser kleinräumigeren Ebene – um so höher, je höher der Anteil öffentlich geförderter relativ neuer Wohngebäude in den einzelnen Bezirken ist. Darüber hinaus steigt die Selbstmordversuchsrate auch an mit dem An-

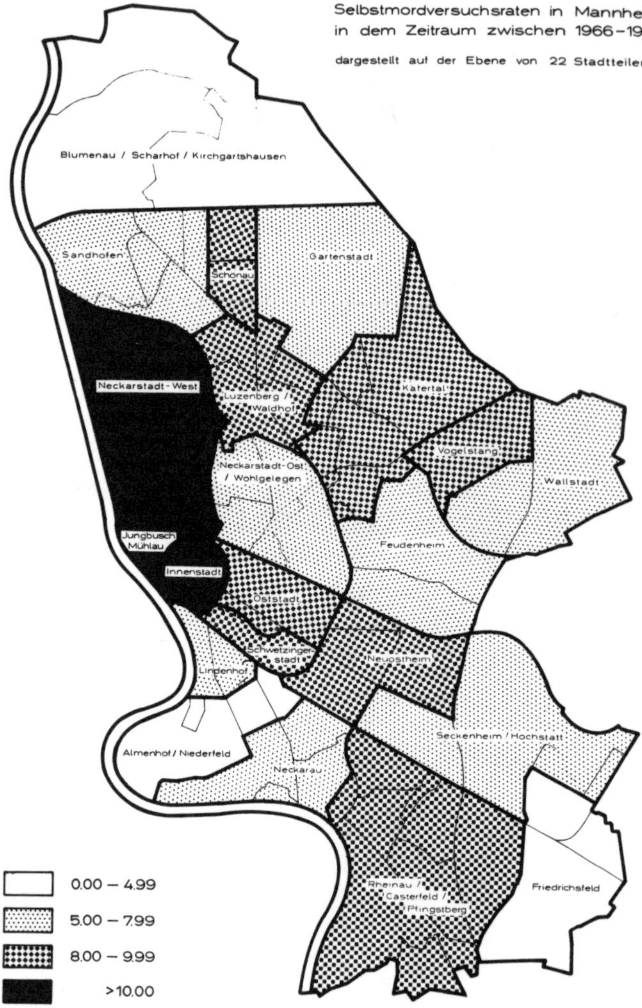
Selbstmordversuchsraten in Mannheim
in dem Zeitraum zwischen 1966–1975
dargestellt auf der Ebene von 22 Stadtteilen
Blumenau / Scharhof / Kirchgartshausen
Sandhofen
Schönau
Gartenstadt
Neckarstadt-West
Luzenberg / Waldhof
Käfertal
Vogelstang
Wallstadt
Neckarstadt-Ost / Wohlgelegen
Feudenheim
Jungbusch Mühlau
Innenstadt
Oststadt
Schwetzinger stadt
Neuostheim
Lindenhof
Seckenheim / Hochstätt
Almenhof / Niederfeld
Neckarau
Rheinau / Casterfeld / Pfingstberg
Friedrichsfeld
0.00 – 4.99
5.00 – 7.99
8.00 – 9.99
>10.00

teil geschiedener Personen, mit dem Anteil zerrütteter Familien und mit dem Anteil von Frauen, die sich und andere ernähren. Wie vermutet, sind Selbstmordversuche – auf dieser feingliedrigen Analyseebene – in jenem Milieu häufig, das durch Merkmale sozialer Desintegration gekennzeichnet ist.
Bei der oben beschriebenen ökologischen Analyse von Suizidversuchen, die zuerst auf der Ebene von den 22 Stadtteilen durchgeführt worden war, habe ich die Vermutung geäußert und bestätigen können, daß in Gebieten mit hohen Suizidraten eine räumliche Ungleichverteilung vorliegen kann und extrem hohe Raten in einem der darin enthaltenen Unterbezirke die Gesamtrate des Stadtteils künstlich erhöht. Selbst überdurchschnittlich hohe Selbstmordversuchsraten in bestimmten kleinräumiger gegliederten statistischen Unterbezirken schließen demnach auch nicht aus, daß diejenigen Individuen, die einen Selbstmordversuch begangen hatten, in nur ganz wenigen Straßenzügen wohnen. Umgekehrt ist auch nicht abzusehen, ob nicht in einem Gebiet mit einer sehr niedrigen Selbstmordversuchsrate in einer Straße eine hohe Selbstmordversuchsrate vorliegt, während Selbstmordversuche in den restlichen Straßen des betreffenden übergeordneten Gebietes selten sind oder gar nicht vorkommen. Diese Vermutung haben wir geprüft anhand der beiden Stadtteile Käfertal mit einer Selbstmordversuchsrate von 8,62/1 000 Einwohner und Waldhof/Luzenberg mit einer Selbstmordversuchsrate von 8,26/1 000 Einwohner.
Der Stadtteil Käfertal läßt sich dabei in 8, Waldhof/Luzenberg in 6 statistisch kleinräumiger Unterbezirke zerlegen. Die Karte 3 zeigt sehr deutlich, daß bei einer feineren Gliederung der ursprünglich großräumigen Gebiete die Selbstmordversuchsraten der kleinräumigeren Gebiete eine relativ hohe Streubreite aufzeigen. Zusätzlich wurden auch noch für alle Straßen der

SELBSTMORDVERSUCHSRATEN (1966–1975)

auf der Ebene von Stadtteilen, statistischen Bezirken und Strassen

Stadt Mannheim entsprechende Selbstmordversuchsraten berechnet. Wie aus der Karte 3 hervorgeht, zeigt es sich auch hier wieder, daß hohe Selbstmordversuchsraten in den statistischen Unterbezirken nur durch noch höhere Raten in ganz bestimmten Straßenzügen zustande kommen.

In den beiden ausgewählten Gebieten Käfertal und Luzenberg/Waldhof häuften sich die Selbstmordversuche in nur ganz wenigen Straßenzügen. In dem Stadtteil Luzenberg/Waldhof fielen 50% aller Selbstmordversuche auf Straßen, in denen insgesamt nur 19% der Einwohner lebten. Im Stadtteil Käfertal wurden 44% aller Selbstmordversuche von nur 22,9% der Bevölkerung begangen. Bezogen auf die Gesamtstadt wurden über 45% aller Selbstmordversuche von Menschen begangen, die in solchen Straßen wohnten, in denen insgesamt nur 24% der Bevölkerung lebte. In der Straße mit der höchsten Rate (68,1/1000 Einwohner) beging infolgedessen jeder 14. Einwohner dieser Straße in dem Zehnjahreszeitraum von 1966–1975 einen Selbstmordversuch.

Diejenigen Straßen, in denen Selbstmordversuche sehr häufig vorkommen, fallen durch soziale Desintegration oder niedrigen sozialen Rang besonders auf. In sozial desorganisierten Gebieten und Straßen befanden sich vorwiegend moderne, öffentlich geförderte Wohnungen und Hochhauskomplexe, während die Gebiete mit niedrigem sozialem Rang eine vorwiegend überalterte Wohnstruktur aufwiesen.

Obwohl wir noch nicht über eine abschließende Erklärung für die Häufung von Selbstmordversuchen in nur ganz wenigen Straßen Mannheims verfügen, lassen die gefundenen Ergebnisse doch die Vermutung zu, daß Selbstmordversuche in solchen Straßen wahrscheinlicher sind, in denen zeitlich vorher von anderen Individuen auch schon Selbstmordversuche be-

gangen worden sind, und daß in diesen Straßen bestimmte „Ansteckungsmedien" vorliegen und Prozesse der sozialen Beeinflussung im Hinblick auf suizidales Verhalten stattfinden.
Als Wirksamwerden einer derartigen Beeinflussungsstruktur können beispielsweise die Ergebnisse der Untersuchung von *Kreitman* (1964) interpretiert werden. *Kreitman* hat eine erhöhte Wahrscheinlichkeit von Suizidversuchen bei Freunden und Partnern von Suizidenten festgestellt.
Als weiteres klassisches Beispiel einer „Ansteckung" kann in dem vorübergehenden Rückgang der Suizidrate während eines rund 1 Jahr dauernden totalen Zeitungsstreiks in einer mittelamerikanischen Großstadt (*Motto*, 1970) gesehen werden.
Ob in Gebieten oder Straßen mit Merkmalen sozialer Desorganisation oder niedrigem sozialem Rang „Ansteckungsmedien" vorliegen oder ob diese Gebiete als solche ein suizidförderndes Milieu erzeugen, kann noch nicht abschließend beantwortet werden und bleibt der Spekulation offen. Eine angestrengte empirische Forschung kann weiterhelfen, diese wichtige Frage zu klären.

Prävention von Selbstmordhandlungen

Bei der Prävention von Selbstmordhandlungen lassen sich drei verschiedene Formen unterscheiden:
– Primärprophylaxe – Sekundärprophylaxe – Tertiärprophylaxe.

Bei der Primärprophylaxe müßte zuerst versucht werden, gegen die Risikofaktoren vorzugehen. Die Primärprophylaxe ist

jedoch nur begrenzt wirksam, weil das zu Selbstmordhandlungen führende Geschehen im Einzelfall in einem komplexen Verursachungsgeflecht sozialer und psychologischer Faktoren eingebettet liegt. Von den wenigen Maßnahmen einer gezielten Primärprophylaxe seien hier nur die Anstrengungen zu einer Verbesserung der Altenhilfe und einer verbesserten psychiatrischen Versorgung der Bevölkerung genannt.
Leichter möglich sind sekundärprophylaktische Maßnahmen zu Früherkennung und vorbeugende Behandlung und Beratung von Suizidgefährdeten. 80% aller Selbstmordkandidaten kündigen ihre Absicht, Selbstmord zu begehen, vorher an. Häufig suchen Suizidgefährdete in den Wochen vor der Suizidhandlung einen Arzt auf, aber auch Sozialarbeiter, Lehrer, Seelsorger und andere kommen häufig in Kontakt mit Suizidgefährdeten. Zu einer wichtigen Maßnahme der Sekundärprophylaxe gehört daher eine verbesserte Information über die Erkennung von Suizidalität und fachliche Unterrichtung über den Umgang mit Selbstmordgefährdeten.
Die Behandlung und Nachbetreuung von Suizidgefährdeten mit dem Ziel der Verhütung weiterer Suizidhandlungen fällt in den Bereich der Tertiärprophylaxe. Die gegenwärtige Situation in der Bundesrepublik Deutschland ist weitgehend dadurch gekennzeichnet, daß der Patient häufig nach Behandlung der somatischen Folgen eines Suizidversuches ohne psychologische oder psychiatrische Beratung wieder nach Hause entlassen wird. Er kehrt dann im allgemeinen in das gleiche Milieu und in die gleiche Situation zurück, die einen maßgeblichen Anteil am Zustandekommen des ersten Selbstmordversuches erklären kann. Gerade im Allgemeinkrankenhaus besteht daher ein hoher Bedarf an psychiatrischer und psychologischer Krisenversorgung – vor allem für Suizidversuche. Ebenfalls wünschens-

wert im Rahmen einer Tertiärprophylaxe sind die Einrichtungen von „Selbstmordverhütungszentren" oder „Kriseninterventionsdiensten". In Wien, Los Angeles und in England sind seit der Einrichtung von Selbstmordverhütungszentren die Anzahl letal endender Selbstmordhandlungen zurückgegangen. Die ökologische Analyse bietet darüber hinaus ein hervorragendes Instrument zur Einschätzung und Evaluierung des regionalen Bedarfs für eine solche Einrichtung.

Die Mitwirkung beim Suizid als Problem des Strafrechts von Prof. Dr. jur. Claus Roxin

Es gibt kaum ein zweites strafrechtliches Problem, dessen Behandlung so unklar, schwankend und umstritten ist wie das der Selbstmordteilnahme. Ich will versuchen, einen zusammenfassenden Überblick zu geben, indem ich schrittweise von den verhältnismäßig einfachsten zu den zweifelhaftesten Fragestellungen vorgehe. Dabei ist es mein Ziel, die Rechtslage nicht in vereinfachender Eindeutigkeit, sondern gerade in ihrer teilweise verworrenen Komplexität sichtbar zu machen. Der Suizid ist ein existentielles Ereignis, dem mit dem Instrumentarium juristischer Begriffe schwer beizukommen ist. Das sollte gar nicht verschleiert werden.

1. Feststehender Ausgangspunkt aller Überlegungen ist der Umstand, daß der Selbstmord als solcher nach geltendem deutschen Recht nicht strafbar ist. Das bedeutet praktisch für den Selbstmordversuch, daß auch er unter keinem Gesichtspunkt strafbar ist.

2. Daraus folgt nach fast einhelliger Meinung der Rechtsgelehrten, daß auch die Teilnahme am Selbstmord, also die Anstiftung und Beihilfe, nach deutschem Recht – andes als in vielen ausländischen Rechtsordnungen – straflos ist. Anstiftung und Beihilfe setzen nämlich nach §§ 26, 27 *StGB* (Strafgesetzbuch) einen Täter voraus, der vorsätzlich und rechtswidrig einen Straftatbestand verwirklicht. Da jedoch der Täter des Selbstmordes gegen keine Strafvorschrift verstößt, ist auch eine strafbare Anstiftung und Beihilfe zu seiner Tat nicht möglich. Wer also einem anderen den Rat gibt, seinem Leben ein Ende zu machen, oder wer ihm den Revolver leiht, ist für den Tod des Suizidenten strafrechtlich nicht verantwortlich.

Dieses auch in der Rechtsprechung anerkannte Ergebnis wird im wissenschaftlichen Schrifttum nur vereinzelt bestritten. Die Gegenposition hat zuletzt an eindrucksvollsten *Eberhard Schmidhäuser* 1974 vertreten. Nach seiner Auffassung ist auch der Suizid ein tatbestandsmäßiger und rechtswidriger Totschlag im Sinne des § 212 *StGB*. Wenn es in dieser Vorschrift heißt: „Wer einen Menschen tötet . . ., wird als Totschläger . . . bestraft", so sei damit auch die Selbsttötung gemeint. Zwar wurde der Suizident selbst wegen der ausweglosen Lage, in der er sich befinde oder zu befinden glaube, in entsprechender Anwendung der strafrechtlichen Notstandsregeln entschuldigt und damit von Strafe freigestellt. Dies ändere aber nichts daran, daß er in rechtswidriger Weise gegen die Totschlagsvorschrift verstoße und daß Teilnehmer an seiner Tat bestraft würden, weil ihnen die Entschuldigungsgründe des Suizidenten nicht zugute kämen.
Ich habe mich mit dieser Auffassung in meinem Beitrag „Die Mitwirkung beim Suizid – ein Tötungsdelikt" 1977 ausführlich auseinandergesetzt und will hier nur in knapper Zusammenfassung sagen, warum ich sie nicht für richtig halte. Der Gesetzgeber hat nach der Aufhebung aller Strafen für den Selbstmord und die Beteiligung daran schon im beginnenden 19. Jahrhundert mit der Totschlagsvorschrift ohne Zweifel nur die Tötung anderer Menschen erfassen wollen. Diesen gesetzgeberischen Willen kann man durch die theoretische Möglichkeit einer abweichenden Wortlautinterpretation um so weniger beiseite schieben, als er im Einklang mit der Aufgabe steht, auf die sich das Strafrecht legitimerweise zu beschränken hat: Es soll Eingriffe in die Freiheitssphäre anderer abwehren, nicht aber die Freiheit des Staatsbürgers im Umgang mit sich selbst einschränken; das folgt aus dem gesellschaftsvertraglichen

Denkmodell, auf dem die liberale Demokratie beruht. Die „Rechtspflicht zum Weiterleben", die *Schmidhäuser* dem einzelnen auferlegt, ist daher dem geltenden Recht fremd. Es ist vielmehr so, wie es schon im 19. Jahrhundert der alte Strafrechtsprofessor Berner einprägsam formulierte: „Das Individuum ist dem Staat und anderen verpflichtet, solange es lebt; es ist ihnen aber nicht verpflichtet, zu leben."

3. Es bleibt also dabei, daß die Teilnahme am Suizid straflos ist. Mit dieser scheinbar klaren Erkenntnis fangen aber die Schwierigkeiten erst an. Es kann nämlich im Einzelfall sehr zweifelhaft sein, ob ein Verhalten als straflose Teilnahme am Selbstmord oder als eine in jedem Falle strafbare täterschaftliche Tötung eines anderen anzusehen ist. Hier hat sich eine Fülle von Kontroversen gebildet, die sich im wesentlichen auf drei Problemfelder verteilen: die Abgrenzung der Selbstmordteilnahme von der strafbaren Tötung auf Verlangen; die Mitwirkung bei Suiziden, deren Täter einer verantwortlichen Entscheidung über ihr Leben nicht fähig sind; und schließlich die Frage, ob oder inwieweit man die Nichtverhinderung eines Selbstmordes als Unterlassungsdelikt bestrafen kann.

4. Ich beginne mit dem ersten Streitpunkt, der Abgrenzung der straflosen Selbstmordteilnahme von der Tötung auf Verlangen. In § 216 *StGB* heißt es: „Ist jemand durch das ausdrückliche und ernstliche Verlangen des Getöteten zur Tötung bestimmt woden, so ist auf Freiheitsstrafe von sechs Monaten bis zu fünf Jahren zu erkennen." Wenn daher ein Arzt dem krebskranken Patienten eine tödliche Spritze verabreicht, nachdem dieser ihn darum gebeten hat, ihn von seinem Leiden zu erlösen, so ist das – wenn auch im Verhältnis zum Totschlag in mil-

derer Form – strafbar; die sogenannte aktive Euthanasie ist also dem Arzt (und ebenso Angehörigen und sonstigen Außenstehenden) bei Strafe verboten. Wie ist es aber, wenn der Patient sich die vom Arzt auf Verlangen des Kranken vorbereitete Spritze selbst injiziert? Und wie ist es, wenn jemand das tödliche Gift, das ein anderer ihm auf seinen Wunsch hergestellt hat, selbst einnimmt? Dann liegt beide Male nur eine straflose Teilnahme am Selbstmord vor. Die Beispiele zeigen, daß es trotz der Strafbarkeit der Tötung auf Verlangen Wege gibt, um einen Kranken, wenn er dies wünscht, straflos zum Tode zu verhelfen. Dies ist auch der Grund, warum die Diskussion über die Möglichkeit einer straflosen Euthanasie in Deutschland nicht so lebhaft geführt wird wie in anderen Ländern: Die Straflosigkeit der Selbstmordteilnahme ermöglicht schon nach geltendem Recht eine straflose Hilfe beim Sterben! Die Grenze zur Strafbarkeit liegt erst dort, wo der Helfer selber tötet.
Natürlich kann man fragen, ob das eine befriedigende Regelung ist. *Karl Engisch* hat (1948) einmal gesagt: „Der kluge Arzt weiß nun, wie er sich zu verhalten hat. Aber müssen wir Juristen uns nicht ein bißchen schämen? Wird nicht die Gesinnung des Handelnden zu wenig berücksichtigt, die Grenze zwischen Strafbarkeit und Straflosigkeit zu sehr veräußerlicht?" In der Tat muß man einräumen, daß zwischen der straflosen Selbstmordteilnahme und der strafbaren Tötung auf Verlangen oft nur ein haarfeiner Unterschied besteht. Aber die Differenzierung ist grundsätzlich doch sinnvoll, wenn man die Grenzlinie so zieht, daß man einen Selbstmord dann annimmt, wenn das Opfer den letzten, über Leben und Tod entscheidenden Handlungsakt (wie im Falle der Gifteinnahme) selbst durchgeführt hat, dagegen eine Tötung auf Verlangen bejaht, wenn das Opfer (wie im Falle einer todbringenden ärztlichen Injektion) den

unmittelbar lebensvernichtenden Akt einem anderen überläßt. Ein Suizid liegt demnach vor, wenn das Opfer die Schwelle zum Tode selbst überschreitet, eine Tötung auf Verlangen, wenn es sich hinüberstoßen läßt. Diese Lösung findet ihre Rechtfertigung in der Erwägung, daß es von einem Todeswunsch bis zu seiner Realisierung ein weiter Weg ist: Denn viele haben sich die Pistole an die Schläfe gesetzt, aber wenige haben die Kraft aufgebracht abzudrücken. Wer – die Zurechnungsfähigkeit vorausgesetzt – diesen letzten Entschluß besteht, muß seinen Tod selbst verantworten. Wenn jedoch ein Arzt dem Lebensmüden die unwiderrufliche Entscheidung, vor deren Vollzug dieser vielleicht doch noch zurückgeschreckt wäre, abnimmt, trägt er die Verantwortung für den Tod des Opfers und macht sich nach § 216 *StGB* strafbar.

Die rechtspolitische Gegenposition, die heute z. B. von *Arthur Kaufmann* (1971) vertreten wird, würde dahin gehen, nicht nur die Selbstmordteilnahme, sondern auch die Tötung auf Verlangen generell von Strafe freizustellen. Das würde nicht nur die Abgrenzungsschwierigkeiten beseitigen, sondern auch die Euthanasie so weit von Strafe freistellen, wie dies allenfalls diskutabel ist. Gleichwohl bin ich mit der in der strafrechtlichen Literatur überwiegenden Ansicht der Auffassung, daß die Tötung auf Verlangen auch im künftigen Recht prinzipiell strafbar bleiben sollte. Ob ein Mensch wirklich sterben will, ist mit Sicherheit nie aus seinen Worten, sondern immer nur aus seinem Handeln zu entnehmen. Das ist der entscheidende Grund, warum nur der eigenhändige Freitod und nicht die bloße Bitte des Opfers den an der Tötung Mitwirkenden von Strafe freistellen kann. Die Zulassung der aktiven Tötung anderer würde auch zu große Mißbrauchsgefahren bergen. Wer kann hinterher prüfen, ob die treibende Kraft nicht vielleicht anstelle des

Getöteten der Angehörige war, der die Mühe und die Kosten der langen Pflege des Todkranken nicht mehr tragen zu können glaubte? Auch werden Fälle, in denen die erbetene Tötung eines anderen als der letzte Ausweg aus unerträglichen Qualen erscheint, nicht mehr häufig sein, weil Schmerzzustände, die durch schmerzstillende Mittel nicht mehr beherrscht werden können, nach dem Urteil von Fachleuten inzwischen relativ selten geworden sind. Damit soll nicht geleugnet werden, daß es immer wieder einmal erbetene Tötungen geben wird, bei denen die Unentrinnbarkeit der Situation und die Tragik des Geschehens jeden menschlichen Vorwurf verstummen läßt. Aber solche Einzelfälle dürfen nicht das grundsätzliche Verbot berühren. Sie können nur dazu Anlaß geben, für unlösbare Konfliktsituationen einen Strafausschließungsgrund oder, wie es der von mir mitverfaßte Alternativ-Entwurf vorsieht, einen „Schuldspruch unter Strafverzicht" zu schaffen. Ich würde es begrüßen, wenn dem Richter für äußerste Grenzfälle eine solche Strafbefreiungsmöglichkeit eingeräumt würde; denn solche Extremsituationen sind nicht normierbar. Aber eine generelle Straffreiheit der Tötung auf Verlangen ist aus den geschilderten Gründen nicht zu befürworten.

Nach denselben Grundsätzen sind auch die Fälle zu behandeln, die, ohne mit der Euthanasieproblematik etwas zu tun zu haben, im Grenzbereich von Selbstmord und Tötung auf Verlangen liegen. Dahin gehört vor allem der Doppelselbstmord, der Fall also, daß zwei Personen, meist Liebende, gemeinsam in den Tod zu gehen beschließen. Wenn der Mann verabredungsgemäß zuerst die Frau erschießt und anschließend sich selbst eine Kugel in den Kopf jagen will, dazu aber den Mut nicht mehr aufbringt oder den Selbstmordversuch überlebt, ist der Mann nach geltendem Recht wegen Tötung auf Verlangen strafbar.

Dagegen sind im Falle ihres Überlebens beide straflos, wenn sie gemeinsam, aber jeder für sich, eine Überdosis Schlaftabletten einnehmen, mag auch einer von ihnen das Mittel besorgt haben oder sonst die treibende Kraft gewesen sein. Umstritten ist die Beurteilung, wenn beide in einem verschlossenen Zimmer durch eine Gasvergiftung aus dem Leben scheiden wollen, bewußtlos aufgefunden und gerade noch gerettet werden. Nach richtiger Auffassung wird man hier beide Partner für straflos halten müssen, und zwar auch den, der den Gashahn mit eigener Hand aufgedreht hatte. Denn wie immer die Tatbeiträge der beiden beschaffen gewesen sein mögen: im Hinblick auf den Tod des anderen stellen sie sich immer nur als Teilnahme an dessen Suizid dar, weil jeder von beiden sich der Wirkung des ausströmenden Gases bis zum Eintritt der Bewußtlosigkeit aus eigenem Entschluß hätte entziehen können. Hat er das nicht getan, so hat er sich nicht über die Schwelle zum Tode hinüberstoßen lassen, sondern sie selbst überschritten und damit einen Suizid verübt, an dem der jeweils andere straflos mitgewirkt hat. Ich kann daher dem Bundesgerichtshof nicht zustimmen, wenn er in einem entsprechenden Fall den Überlebenden wegen Tötung auf Verlangen nur deshalb bestraft hat, weil er es gewesen war, der das Gaspedal des Autos niedergetreten hatte, in dem der gemeinsame Tod ins Werk gesetzt wurde. Aber diese Entscheidung und die bis heute andauernde, heftige wissenschaftliche Kontroverse, die sich an sie angeschlossen hat, zeigen immerhin deutlich, wie rasch die Leistungsfähigkeit juristischer Interpretationskünste vor solchen Situationen an ihre Grenze stößt (*Roxin*, 1975, *BGHSt*, Bd. 19, S. 135).

5. Das zweite, praktisch noch wichtigere und schwierigere Problemfeld betrifft die Verantwortungsfähigkeit des Suizidenten, die Voraussetzung jeder straflosen Teilnahme ist. Anerkannt ist, daß nicht eine bloße Teilnahme, sondern ein strafbarer Totschlag vorliegt, wenn der Suizident, dem scheinbar nur geholfen wird, einen verantwortlichen Freitodentschluß nicht fassen konnte. Wenn also jemand in einem Anfall geistiger Umnachtung aus dem Leben scheiden will und ein Außenstehender, der dies erkennt, ihm dafür seine Pistole zur Verfügung stellt, ist der Verleiher unbestritten als Totschläger strafbar, weil der Suizident ihm keinen verantwortlichen Willen entgegensetzen kann. Ein Suizid, der rechtlich immer als Freitod verstanden wird, liegt bei einer solchen Situation im eigentlichen Sinne des Wortes überhaupt nicht vor; man spricht hier von einem Totschlag in mittelbarer Täterschaft mit Hilfe eines schuldunfähigen Werkzeuges. Entsprechendes gilt, wenn jemand durch Drohung mit Gefahr für Leib, Leben oder Freiheit seiner selbst, eines Angehörigen oder einer nahestehenden Person zu einer Selbsttötung genötigt wird. Als beispielsweise *Hitler* den Feldmarschall *Rommel* vor die Alternative stellte, sich entweder selbst zu erschießen oder aufgehängt zu werden, beging er – strafrechtlich gesehen – keine Anstiftung zum Selbstmord, sondern er verübte eine Tötung.
Geht man dementsprechend davon aus, daß nur bei einem verantwortlichen Selbstmordentschluß von der Straffreiheit Außenstehender die Rede sein kann, so muß sich die strafrechtliche Beurteilung der Suizidmitwirkung durchgreifend ändern, wenn neuere Suizidforschungen der Psychiatrie zu dem Ergebnis kommen, daß bei der Selbsttötung von einer freien Entscheidung des Suizidenten fast niemals die Rede sein könne, sondern daß es sich dabei um eine Krankheit handele.

Tatsächlich hat diese Auffassung die strafrechtliche Diskussion der Selbstmordproblematik in den letzten Jahren nachhaltig beeinflußt. So nennt etwa *Peter Bringewat* in Zusammenfassung der neueren psychiatrischen Lehren die „Freiverantwortlichkeit des selbstmörderischen Willens aus medizinisch-empirischer Sicht nichts anderes als eine unhaltbare Fiktion" (1976). Dementsprechend ist anzunehmen: wenn jeder (oder fast jeder) Suizident im Zustande der Zurechnungsunfähigkeit handelt, hätte das für das Strafrecht die unausweichliche Konsequenz, daß jede Mitwirkung dabei und auch jede Nichtverhinderung eines Selbstmordes durch nahestehende Personen als Totschlag strafbar wäre. Die von mir vorher dargelegte Straflosigkeit der Teilnahme am Selbstmord hätte dann nur in den wenigen Fällen praktische Bedeutung, die als echte Bilanzselbstmorde noch als Resultat freier Entscheidung angesehen werden könnten. Freilich sind diese psychiatrischen Thesen nicht unumstritten. Erst unlängst hat *Jean Améry* leidenschaftlich gegen die „Prämisse" vieler Psychiater polemisiert, „daß der Suizid eine Fehlhandlung sei". Er nennt es das Symptom eines noch immer nicht überwundenen „inhumanen geistigen Entwicklungsstadiums", daß „heute Soziologie, Psychiatrie und Psychologie, bestallte Träger der öffentlichen Ordnung, den Freitod behandeln, wie man eine Krankheit behandelt". Statt dessen plädiert er dafür, den Freitod anzuerkennen, „als das, was er ist: ein *freier* Tod eben und eine hochindividuelle Sache, die zwar niemals ohne gesellschaftliche Bezüge vollzogen wird, mit der aber letztlich der Mensch mit sich allein ist, vor der die Sozietät zu schweigen hat" (1976). Auch im juristischen Schrifttum wird neuerdings sogar die Anerkennung eines „Grundrechtes auf Selbstmord" gefordert, was den Selbstmord als einen Ausdruck freier Entfaltung der Persönlichkeit voraussetzt (*Wagner*, 1975).

Es ist klar, daß die Entscheidung dieser Frage die Kompetenz des Juristen übersteigt. Auch mutet sich ja das Strafrecht, wie meine Ausführungen zeigen sollten, keine selbständige Entscheidungskompetenz zu, sondern macht sein Urteil über die Strafbarkeit oder Straflosigkeit der Selbstmordmitwirkung von den Forschungsergebnissen der zuständigen Wissenschaften abhängig. Ich will aber doch versuchen anzugeben, wie sich mir die Lage nach dem Studium der neueren Literatur darstellt. Danach scheint es in der Tat so zu sein, daß ein verhältnismäßig hoher Prozentsatz von Suiziden auf endogenen Depressionen, Schizophrenie, organischer Demenz und Debilität beruhen, auf Erkrankungen also, die anerkanntermaßen die strafrechtliche Verantwortlichkeit ausschließen und damit eine Strafbarkeit Außenstehender begründen. Allerdings schwanken die Annahmen über den Anteil dieser Krankheiten an den Suizidursachen zwischen 29 und 61% ; auch hat *Simson* in seinem 1976 erschienenen Buch über „Die Suizidtat" (1976) mit Recht darauf hingewiesen, daß die außerordentliche Spannweite der Selbstmordquote in Europa (auf 100000 Einwohner kommen z.B. in Irland 1,8, in Ungarn aber 36,1 Selbstmorde) es ausschließe, „die quantitativ entscheidende Ursache der Suizide nur in psychischer Erkrankung oder Abnormität zu suchen"; denn die in Frage stehenden Krankheiten „weisen in den einzelnen Ländern Europas keineswegs so auffällige zahlenmäßige Verschiedenheiten wie die Selbstmorde auf". Immerhin kann man vielleicht bei Abwägung aller Umstände und vorbehaltlich umfassenderer und exakterer empirischer Untersuchungen mit ca. 40% Suiziden rechnen, die im Zustand der Verantwortungsunfähigkeit begangen werden, bei deren Förderung oder Nichtverhinderung also eine Strafbarkeit eintreten muß, soweit dem Außenstehenden dieser Zustand des Suizidenten bekannt war oder er doch wenigstens damit gerechnet hat. In den verbleibenden Fällen, die wohl immer noch in der Mehrzahl sind, kann ebenfalls kein Zweifel daran bestehen, daß der Suizid in aller Regel in einer psychischen Ausnahmesituation begangen wird, wie sie *Ringel* als „präsuizidales Syndrom" eingehend beschrieben hat. Inwieweit man hier von einer psychischen Krankheit sprechen will, ist aber – insofern muß ich *Jean Améry* recht geben – schon eine Frage der Terminologie und der Interpretation. Vor allem ist für die strafrechtliche Beurteilung zu berücksichtigen, daß psychische Störungen an sich nach der herrschenden Praxis die Verantwortlichkeit noch nicht ausschließen; sowenig eine depressive Verstimmung eine Straftat exkulpiert, sowenig kann sie die Annahme begründen, daß die Entscheidung eines Menschen zur Selbsttötung ihm nicht mehr als seine von ihm zu verantwortende Entscheidung zuzurechnen sei. Man würde in solchen Fällen also nach der bisherigen Praxis der Rechtsprechung Mitwirkungshandlungen Außenstehender als bloße Teilnahme und damit als straflos ansehen müssen (*Roxin*, 1977).

Demgegenüber will eine neuere strafrechtliche Lehre, die vor allem von *Gerd Geilen* (1974) und *Dieter Herzberg* (1974) entwickelt worden ist, im Anschluß an die Suizidforschungen der Psychiatrie eine straflose Teilnahme am Selbstmord nur noch dann annehmen, wenn der Suizid wirklich nach reiflicher Überlegung als ernstlich und freigewählt angesehen werden kann, was bei seelischen Störungen vor allem depressiver Art nicht der Fall sein soll. Praktisch würden dann, wenn man mit dieser Auffassung ernst macht, nicht viele Fälle der Straflosigkeit Außenstehender übrigbleiben. Ob sich diese Lehre durchsetzen wird, bleibt abzuwarten. Ich selbst folge ihr nicht, obwohl ich das edle Motiv des Suizidentenschutzes, das hinter ihr steht, nicht verkenne. Aber ich neige der Meinung zu, daß eine Auffassung, die dem Richter das Urteil über die „Ernstlichkeit" eines Selbstmordes zuschreibt, einer moralisierenden Betrachtung, die nicht Sache des Rechtes sein sollte, auf Kosten der Persönlichkeitsautonomie aller Beteiligten zu großen Raum gewährt. Auch glaube ich, wie ich am Ende noch näher darlegen will, nicht an die Wirksamkeit des Strafrechts als Mittel der Selbstmordprophylaxe. Ich möchte also daran festhalten, daß bei Suiziden eine Strafbarkeit Außenstehender nur dort in Betracht kommt, wo der Selbstmörder unter dem Einfluß von Erkrankungen handelt, die auch bei der Begehung von Straftaten die Verantwortlichkeit ausschließen.

6. Das bisher schon wenig eindeutige Bild der Rechtslage wird noch unklarer, wenn ich mich jetzt unserem dritten Problemfeld, der bloßen Nichtverhinderung von Selbstmorden, zuwende. Nach den Grundsätzen der Unterlassungslehre im Strafrecht ist man unter bestimmten Umständen verpflichtet, von anderen Schäden abzuwenden; vor allem ist das der Fall, wenn man eine Schutzpflicht hinsichtlich einer bestimmten Person hat, wie dies im Verhältnis von Familienangehörigen zueinander angenommen wird. Verletzt man eine solche Erfolgsabwendungspflicht, so wird man nach § 313 *StGB* bestraft, wie wenn man den Erfolg selbst herbeigeführt hätte. Wenn also etwa ein Ehepartner verunglückt und der andere die Herbeirufung eines Arztes unterläßt, so daß der Verunglückte, der sonst zu retten gewesen wäre, an den Folgen des Unfalles stirbt, dann wird der andere wegen Totschlag durch Unterlassen bestraft, wenn er damit gerechnet hat, daß sein Untätigbleiben tödliche Folgen haben könnte.
Der Bundesgerichtshof hat diese Rechtsprechung mit gewissen

Modifikationen auf die Nichtverhinderung von Selbstmorden nahestehender Personen übertragen. Einer frühen Entscheidung aus dem Jahre 1952 (*BGHSt* 2, 150–157) lag ein Sachverhalt zugrunde, in dem sich der Ehemann der Angeklagten wegen ehelicher und häuslicher Zerwürfnisse aufgehängt hatte. „Als er schon bewußtlos, aber noch zu retten war", heißt es im Urteil, „kam die Angeklagte dazu, erkannte dies, ließ ihn aber hängen. Sie war mit dem Verlauf der ohne ihr Zutun in Fluß geratenen Dinge einverstanden und wollte ihn nicht durch Hilfeleistung abändern." Der Bundesgerichtshof hat das Verhalten dieser Frau als strafbaren Totschlag durch Unterlassen qualifiziert. Das soll allerdings – und damit wird die rechtliche Beurteilung weiter kompliziert – nur dann gelten, wenn der Erfolgsabwendungspflichtige Unterlassungs*täter* ist und nicht nur eine *Beihilfe* zum Selbstmord durch Unterlassen leistet; denn eine solche Unterlassungsbeihilfe ist nach der Rechtsprechung genau wie die aktive Beihilfe nicht strafbar, weil es bei Suizid an einem Straftatbestand fehlt, zu dem Beihilfe geleistet werden könnte. In unserem Beispielsfall hat der *BGH* eine Täterschaft durch Unterlassen und damit eine Strafbarkeit der Ehefrau agenommen, weil sie es in der Hand gehabt habe, dem Geschehen durch ihr Eingreifen „die entscheidende Wendung" zu geben. In einem späteren Urteil aus dem Jahre 1959 hat jedoch ein anderer Senat des *BGH* (*BGHSt* 13, 162–169) genau umgekehrt entschieden. Hier hatte ein Mann es unterlassen, seine Schwiegermutter, die in selbstmörderischer Absicht ins Wasser gegangen war, daran zu hindern oder sie zu retten. Der Mann wurde von der Anklage einer Tötung durch Unterlassen freigesprochen, weil sein Untätigbleiben nur als Beihilfe beurteilt wurde; ihm habe der „Täterwille" gefehlt, weil er das von der Schwiegermutter ausgelöste Geschehen nicht habe beherrschen wollen. *Diese* Begründung hätte man aber auch der Ehefrau unserer ersten Entscheidung zugute halten können, so wie umgekehrt eine Täterschaft des Schwiegersohnes daraus ableitbar gewesen wäre, daß er die Schwiegermutter hätte zurückhalten und dadurch dem weiteren Verlauf die entscheidende Wendung hätte geben können. Die Begründungen, die über Strafbarkeit oder Straflosigkeit entscheiden, sind also verhältnismäßig beliebig, und auch die gesamte nachfolgende Rechtsprechung hat sich zu einer klaren Linie nicht durchringen können. Wenn daher ein Strafrechtsprofessor gefragt wird, ob die Gerichte einen Menschen wegen Totschlags verurteilen würden oder nicht, der den Selbstmord eines zurechnungsfähigen Angehörigen geschehen lasse, so kann er auf Ehre und Gewissen nur antworten, daß sich dies nicht vorhersagen lasse. Es wird von der Rechtsprechung davon abhängig gemacht, ob das Unterlassen als Täterschaft oder Beihilfe gewürdigt wird; die Kriterien aber, nach denen das entschieden wird, sind von nicht prognostizierbarer Willkürlichkeit und Undurchsichtigkeit.

Demgegenüber nimmt die überwiegende Meinung im wissenschaftlichen Schrifttum, die auch ich immer schon vertreten habe (*Roxin*, 1963/1975), an, daß niemals wegen Totschlages strafbar ist, wer den Suizid eines erwachsenen und zurechnungsfähigen Menschen nicht verhindert. Das folgt mit fast zwingender Logik aus dem auch von der Rechtsprechung anerkannten Umstand, daß der Gesetzgeber die Anstiftung zum Suizid und die aktive Beihilfe dazu (etwa durch Beschaffung einer Tatwaffe) straflos gelassen hat. Wenn sogar die Anregung und tätige Förderung eines Suizids straflos ist, kann nach dem Wertungszusammenhang des Gesetzes die weniger schwerwiegende bloße Untätigkeit nicht als Totschlag strafbar sein. Dieser Befund läßt sich auch nicht durch Unterlassungskonstruktion entkräften, wie sie die Rechtsprechung verwendet. Denn auch wenn man zugibt, daß man seine Angehörigen von Rechts wegen vor drohenden Schäden bewahren muß, so bedeutet das doch nur, daß man sie vor Schädigungen durch andere oder durch äußere Gewalten, nicht aber, daß man sie vor sich selbst schützen muß. Daß der Gesetzgeber dies nicht als Aufgabe des Strafrechts angesehen hat, ergibt sich aus der Straflosigkeit der Selbstmordteilnahme, und an diese Wertentscheidung ist der Interpret gebunden. Anders liegt es nur, wenn jemand sich zu einer Selbsttötung anschickt, der zu einer verantwortlichen Entscheidung nach den Maßstäben des Rechtes nicht fähig ist, sei es wegen seiner Jugend, sei es aus den in § 20 *StGB* genannten, die Zurechnungsfähigkeit ausschließenden Gründen. Hier ist in der Tat eine Tötung durch Unterlassung gegeben, wenn die Angehörigen nicht einschreiten. Aber auf diese Fälle sollte die Totschlagsstrafbarkeit auch beschränkt bleiben.

Ich kann allerdings nicht verhehlen, daß die Autoren, die für eine weitergehende Strafbarkeit der aktiven Suizidmitwirkung eintreten, dies auch bei der unterlassenen Selbstmordhinderung tun. So beschwört etwa *Geilen* (1974) den Bundesgerichtshof ausdrücklich, den von *BGHSt* 2,150, also der ersten oben von mir zitierten Entscheidung, eingeschlagenen Kurs der Unterlassungsstrafbarkeit beizubehalten. Das ist konsequent, aber richtig ist es aus den schon genannten Gründen nicht. Auf die sozialpolitische Problematik, die hinter diesem wissenschaftlichen Streit steht, will ich am Ende noch zusammenfassend zurückkommen.

7. Zuvor aber muß ich, um das Bild der gegenwärtigen rechtlichen Situation zu vervollkommnen, noch auf die Frage einge-

hen, wie die Rechtsprechung den Fall behandelt, daß jemand es unterläßt, einen anderen vor dem Suizid zu bewahren, mit dem ihn keinerlei Schutzpflicht verbindet. Dabei handelt es sich um Situationen, wie die, daß jemand zufällig vorbeikommt, als ein Unbekannter in selbstmörderischer Absicht von der Lombardsbrücke in die Alster springen oder sich vom Fernsehturm hinunterstürzen will. Ist es strafbar, wenn man sich um den Vorgang nicht kümmert und den Dingen ihren Lauf läßt, anstatt den Selbstmörder zurückzuhalten?

Es ist unbestritten, daß bei einer solchen Situation ein Tötungsdelikt durch Unterlassen jedenfalls ausscheidet, weil der untätig Bleibende nicht – wie man mit einem Fachausdruck sagt – „Garant" für das Leben des Selbstmörders ist. Statt dessen kommt hier aber der Tatbestand der „unterlassenen Hilfeleistung" (§ 330 c *StGB*) in Betracht. Diese Bestimmung lautet (in dem hier interessierenden Auszug): „Wer bei Unglücksfällen . . . nicht Hilfe leistet, obwohl dies erforderlich und ihm den Umständen nach zuzumuten, insbesondere ohne erhebliche eigene Gefahr und ohne Verletzung anderer wichtiger Pflichten möglich ist, wird mit Freiheitsstrafe bis zu einem Jahr oder mit Geldstrafe bestraft." Der Bundesgerichtshof hat zunächst die Annahme einer unterlassenen Hilfeleistung bei nicht verhinderten Suiziden abgelehnt. In Band 2, Seite 150/51 seiner Entscheidungssammlung heißt es: „Ein Unglücksfall ist ein plötzliches *äußeres* Ereignis, das erheblichen Schaden an Personen oder Sachen anrichtet und weiteren Schaden zu verursachen droht . . . Dieses äußere Ereignis ist vom Willen des Verunglückten unabhängig . . . Ob auch der unerwartete Verlauf einer Selbsttötung unter bestimmten Umständen ein solches äußeres Ereignis sein kann, mag hier dahinstehen. Jedenfalls ist ein Unglücksfall begrifflich und sprachlich ausgeschlossen, solange das verantwortliche Handeln des Selbstmörders die Lebensgefahr im wesentlichen so gestaltet, wie er es sich vorgestellt hat und solange ein Selbsttötungswille fortbesteht." Die vom Bundesgerichtshof angenommene Straflosigkeit entsprach insoweit der Rechtsprechung des Reichsgerichts. Zwei Jahre später hat sich jedoch der Große Senat für Strafsachen von dieser Rechtsprechung abgekehrt (*BGHSt* 6, 147–155) und den Selbstmord nunmehr als „Unglücksfall" deklariert. Er definiert jetzt den Begriff des „Unglücksfalles" so: (a.a.O. S. 152) „Unglücksfall ist . . . jedes mit einer gewissen Plötzlichkeit eintretende Ereignis, das eine erhebliche Gefahr bringt oder zu bringen droht, gleichgültig, ob die Gefahrenlage dem Gefährdeten von außen zugestoßen ist oder ob sie, wie beim Selbstmörder, von seinem Willen hervorgerufen ist." Begründet wird das mit einer naturrechtlichen Deduktion aus dem Sittengesetz (a.a.O. S. 153): „Da das Sittengesetz jeden Selbstmord – von äußersten Ausnahmefällen vielleicht abgesehen – streng mißbilligt, da niemand selbstherrlich über sein eigenes Leben verfügen und sich den Tod geben darf, kann das Recht nicht anerkennen, daß die Hilfspflicht des Dritten hinter dem sittlich mißbilligten Willen des Selbstmörders zu seinen eigenen Tod zurückzustehen habe."

In der wissenschaftlichen Literatur ist diese Begründung allgemein zu Recht auf Ablehnung gestoßen. Denn erstens kann die unmittelbare Verwirklichung des Sittengesetzes in einem demokratischen Rechtsstaat *nicht* die Aufgabe des Strafrechts sein; und zweitens wird der Suizid unter ethischen Gesichtspunkten bekanntlich seit Jahrtausenden höchst kontrovers beurteilt, so daß es schwer angängig ist, eine dieser widerstreitenden Auffassungen in einer pluralistischen Rechtsordnung ohne weiteres mit *dem* Sittengesetz zu identifizieren. Im sachlichen

Ergebnis ist die Entscheidung nach wie vor äußerst umstritten. Die Ansichten reichen von Zustimmung über differenzierende Lösungen bis zur strikten Ablehnung. Ich selbst neige einer vermittelnden Lösung zu. Sie beruht auf folgender Überlegung:

Eine rechtliche Verpflichtung zur Hilfe ist jedenfalls unbestritten dann gegeben, wenn der Suizident für sein Tun nicht verantwortlich ist, sei es, daß er in einem plötzlichen Anfall geistiger Verwirrung, in der Trunkenheit, unter dem Einfluß von Rauschgift oder sonstigen, die Zurechnungsfähigkeit ausschließenden Umständen handelt.

Da nun, wie oben dargelegt, ein immerhin recht hoher Prozentsatz von Suiziden im Zustande rechtlicher Verantwortungsfähigkeit begangen wird, muß ein Unbeteiligter in einer Situation, in der er nähere Prüfungen nicht anstellen kann, in der Regel mit der ernstlichen Möglichkeit rechnen, einen Selbstmörder vor sich zu haben, der sich in einer die Entscheidungsunfähigkeit ausschließenden Gemütsverfassung befindet. Bei dieser Sachlage erscheint es mir als vernünftig, so lange eine Rettungspflicht zu statuieren, wie die Selbstverantwortlichkeit des Suizidenten nicht erkennbar ist. Das würde für die juristische Interpretation bedeuten, daß der Selbstmord zwar als Unglücksfall anzuerkennen wäre, daß aber die rechtliche Erforderlichkeit und Zumutbarkeit der Hilfeleistung dann entfallen würde, wenn die Ernstlichkeit und Zurechenbarkeit des Selbstmordentschlusses aus den Umständen (namentlich aus dem Verhalten des Selbstmordwilligen) erkennbar wird. Das entspricht etwa der in der Lehrbuchliteratur von *Anton Wessels* (1977) vertretenen Meinung, die dieser Autor so zusammenfaßt: ,,Wo klar auf der Hand liegt, daß der Suizident am Selbsttötungswillen festhält, keine Rettung wünscht und sich zur Wiederholung der Tat veranlaßt sähe, falls man seinen eigenverantwortlich ins Werk gesetzten Willen nicht respektiert, ist die Zumutbarkeit von Rettungsbemühungen zu verneinen. Bedeutung hat das insbesondere gegenüber hoffnungslos Leidenden, die mit ihrem Entschluß weiteren Krankheitsquellen ein Ende setzen wollten, und für solche Personen, die ihnen bei der Realisierung des Selbsttötungswillens bereits aktiv Hilfe geleistet haben.'' Eine andere Frage ist es natürlich, ob sich vielleicht sogar der Retter wegen Nötigung strafbar machen kann, wenn er einen Selbstmörder gegen dessen heftigen Widerstand aus dem Wasser zieht. Das ist abzulehnen. Es ist eine Sache, ob man ein solches Verhalten bei Strafe gebietet, und eine andere, ob man die freiwillig erbrachte Rettungsleistung gleich unter Strafe stellt; das wäre der auf Hilfe gerichteten Motivation des Retters nicht angemessen.

8. Wenn wir zum Abschluß den vielfältig verästelten Meinungsstand einmal zusammenfassend überblicken, dann läßt sich erkennen, daß hinter den unterschiedlichen und komplizierten juristischen Konstruktionen zwei abweichende rechtspolitische Standpunkte stehen, zwischen denen die Rechtsprechung ohne eigene Konzeption hin- und herschwankt. Die eine Position, die ich hier vorgetragen habe, die in einem erheblichen Teil der Literatur und etwa auch im Alternativ-Entwurf vertreten wird, könnte man „liberal'' nennen: Sie will das Strafrecht – und das bedeutet konkret: Polizei, Staatsanwaltschaft, Gerichte, Strafanstalten – aus den Verstrickungen der Suizid-Tragödien so weit wie möglich heraushalten und die Mitwirkung bei solchen Taten und ihre unterlassene Hinderung im wesentlichen nur dann bestrafen, wenn der Selbstmörder im Zustand der Verantwortungsunfähigkeit gehandelt

hat; diese Fälle sind immerhin noch zahlreich genug. Die Gegenposition, die man die „soziale" nennen könnte, will demgegenüber das Umfeld des Suizidenten so weit wie möglich durch die Drohung mit schweren Kriminalstrafen zu helfendem Eingreifen anhalten, um auf diese Weise die Selbstmordquote zu senken. Daß diese entgegengesetzten Standpunkte den sozialpolitischen Hintergrund der Meinungsverschiedenheiten bilden, ist aus der literarischen Polemik ohne weiteres erkennbar. So wirft etwa *Gerd Geilen* (1974) der von mir verteidigten Auffassung „die Konsequenz einer absoluten Vogelfreiheit des Suizidenten" vor, die ihm „auf dem Hintergrund der modernen Selbstmordforschung und einer darauf aufbauenden Selbstmordprophylaxe" als ein „schon scholastisch anmutender Anachronismus" erscheint; er hält es im Gegensatz dazu für notwendig, das gesamte „prophylaktische Vorfeld des Selbstmordes" strafrechtlich abzudecken.
Abschließend möchte ich noch folgende Bemerkung ergänzen: Ich bin mit *Gerd Geilen* der Meinung, daß eine wirksamere Selbstmordprophylaxe, als wir sie heute besitzen, dringend erforderlich ist. Aber – und hier scheiden sich die Meinungen – ich halte das Strafrecht als Instrument umfassender Selbstmordprophylaxe nicht nur für ungeeignet (a), sondern sogar für schädlich (b).

a) Es spricht nichts dafür, daß es möglich wäre, die Selbstmordquote mit Hilfe des Strafrechts zu senken. Die Geschichte des Suizidstrafrechts ist die Geschichte seines Versagens (*Simson*, 1976, S. 110). Obwohl in vielen Ländern unterschiedliche Formen der Selbstmordbeteiligung mit Strafe bedroht werden, haben sich bisher keinerlei Anhaltspunkte dafür ergeben, daß zwischen Strafdrohung und Selbstmordrate irgendein Zusammenhang besteht. Gerade der von *BGHSt* 2,150 ... eingeschlagene Kurs, aufgrund dessen in der deutschen Judikatur nach vielen Jahren der Zurückhaltung die unterlassene Selbstmordhinderung durch Garanten erstmals bestraft worden ist und dessen Beibehaltung *Geilen* (1974, S. 154) aus prophylaktischen Gründen so nachhaltig fordert, hat die Zunahme der Selbstmorde nicht verhindert; ebensowenig haben die freisprechenden Urteile einen nachweisbaren (oder auch nur von irgendeiner Seite vermuteten) Einfluß auf die Zahl der Selbstmorde ausgeübt. Abgesehen von der allgemeinen Fragwürdigkeit generalpräventiver Wirkungen dürfte die Untauglichkeit des Strafrechts für die Zwecke der Selbstmordprophylaxe ihren Grund vor allem darin haben, daß die Zahl der Fälle, in denen bei realistischer Handhabung eine Bestrafung erfolgen könnte, statistisch immer verschwindend gering sein würde (und in der ganzen Welt auch heute ist). Im Regelfall wird jedermann einen ihm nahestehenden Menschen auch ohne Strafdrohung an dem Selbstmord hindern, wenn er gerade dazukommt. Es liegt fern, daß es eine für die Selbstmordprophylaxe relevante Zahl von Menschen gibt, die dazu erst durch eine Strafdrohung angehalten werden müssen; der Umstand, daß der Selbstmord acht- bis zehnmal so oft versucht wie vollendet wird (*Geilen*, 1974, S. 154), zeigt, daß eine in der akuten Gefahrsituation mögliche Rettung fast nie unterlassen wird. In dem seltenen Ausnahmefall aber, daß jemand den Dingen seinen Lauf lassen will, läßt sich ein rechtzeitiges Bemerken des Selbstmordes kaum je nachweisen, so daß die Überführungschance minimal ist und eine Strafdrohung schon deswegen wirkungslos wäre.

Demgegenüber kann die moderne Psychiatrie auf viele erfolgreiche Methoden der Selbstmordprophylaxe hinweisen, unter denen die Einrichtung spezieller Selbstmordverhütungsstellen

(Suicide-Prevention-Centers) sich überall in der Welt als besonders hilfreich erwiesen hat. Es ist hier nicht möglich, im einzelnen zu schildern, wie diese Institutionen arbeiten und welche sonstigen Maßnahmen – von der Telefonseelsorge bis zur Mithilfe zahlreicher fürsorgerischer und beratender Stellen – sich als zur Bekämpfung des Selbstmordes geeignet erwiesen haben. Das alles ist von berufener Seite aus längst geschehen (*Ringel*, 1969). Keiner dieser Sachkenner ist jedoch auf den Gedanken geraten, das Strafrecht zur Suizidprophylaxe herbeirufen zu wollen. *Erwin Ringel* selbst, ein Pionier der modernen Selbstmordforschung, auf dessen Arbeiten sich die Strafbarkeitsbefürworter vielfach berufen, hat mir auf meine Frage, ob er die Strafbarkeit von Angehörigen wegen etwa unterlassener Selbstmordhinderung befürworte, die Antwort gegeben, daß er dies für ganz verfehlt halten würde.
Das Strafrecht ist bekanntlich die Ultima ratio der Sozialpolitik: Wenn, wie es hier unbestritten der Fall ist, geeignete andere Methoden der Selbstmordprophylaxe zur Verfügung stehen, ist es falsch, eine Strafbarkeit zu fordern, die nur allzu leicht als Alibi für die Unterlassung anderer wirkungsvoller Maßnahmen dienen kann; und es ist doppelt falsch, wenn eine Strafvorschrift voraussehbarerweise die Zahl der Selbstmorde nicht meßbar verringern kann.

b) Wenn man andererseits ernst damit machen wollte, das „prophylaktische Vorfeld" strafrechtlich so „abzudecken", daß davon spürbare Wirkungen ausgehen, so würde mit Hilfe des Strafrechts sogar Schaden gestiftet werden. Praktische Bedeutung könnte eine solche, weit vorgetriebene Strafbarkeit nur in den Beziehungen einander nahestehender Personen, vor allem im häuslichen Kreis der Angehörigen, gewinnen. Die erfolgsabwendungspflichtigen Personen müßten dann bei Gefahr der Totschlagsstrafe angehalten werden, jeden, der Selbstmordgedanken äußert oder sonst in Suizidverdacht gerät, in allen seinen Lebensäußerungen fortgesetzt zu überwachen oder in Gewahrsam zu geben; denn zahlreiche Handlungen und Unterlassungen können einen Selbstmord ermöglichen oder fördern, und am dolus eventualis würde es nicht fehlen, wenn man aus prophylaktischen Gründen einmal – zutreffend – davon ausgeht, daß jede Selbstmorddrohung ernst zu nehmen ist. Jeder Psychiater, mit dem ich mich über das Problem unterhalten habe, hat mir bestätigt, daß eine solche totale Inpflichtnahme die Angehörigen, Freunde usw. völlig überfordern würde und daß es auch hier weder möglich noch sinnvoll wäre, alle 100000 Selbstmordkandidaten, die wir in der Bundesrepublik pro Jahr mindestens haben, in öffentlichen Gewahrsam zu nehmen. Über viele bedeutende Männer (von *Goethe* und *Bismarck* bis *Thomas Mann* und *Hermann Hesse*) wissen wir, daß sie zeitweilig ernsthaft mit Selbstmordgedanken umgegangen sind. Hätte man sie einstecken oder unter Überwachung stellen sollen? Wenn die Gerichte bisher mit der Strafbarkeit nie in dieses prophylaktische Vorfeld hineingegriffen haben, so liegt das an der praktischen Vernunft der Strafverfolgungsbehörden; der theoretische Ansatz einer mit Hilfe des Strafrechts zu betreibenden Selbstmordprophylaxe würde es fordern, und auch konstruktiv könnte die Unterlassungskonstruktion bis in diese Konsequenz getrieben werden. Da jedoch bei neurotischen Selbstmordaspiranten oft die Personen des familiären und sozialen „Umfeldes" in die Situation verstrickt und ebenfalls mehr oder weniger gefährdet und hilfsbedürftig sind, würde es verhängnisvolle soziale Folgen haben, wenn anläßlich unserer jährlich ca. 100000 versuchten oder vollendeten

Selbsttötungen der Staatsanwalt erst einmal nach den „Schuldigen" suchen und dann womöglich eine ebenso große Anzahl von Menschen wegen Totschlags anklagen müßte, weil sie durch ihr Verhalten den anderen in den Selbstmord getrieben oder doch wenigstens nicht alles Mögliche zu seiner Verhinderung unternommen haben. Ein – auch nur versuchter – Selbstmord würde dann oft die Zerstörung ganzer Familien nach sich ziehen.
Man bedenke doch auch, daß die Drohung mit Selbstmord nicht selten benutzt wird, um auf einen anderen Druck auszuüben! Welch furchtbare Waffe wäre diese Drohung, wenn über dem Bedrohten auch noch das Damoklesschwert der Totschlagsstrafe schwebte! Erpresserische Selbstmorddrohungen oder Selbstmorde bzw. Selbstmordversuche aus Rache, die es durchaus gibt, könnten dadurch geradezu herausgefordert werden. Schließlich erwäge man den häufigen Fall, daß jemand einen ernstgemeinten Selbstmordversuch überlebt und nun unter Schuldgefühlen leidet, weil er seinen Angehörigen „das angetan hat"! Wenn in einer solchen Situation die Strafverfolgungsbehörden bei den Angehörigen wegen eines etwaigen Totschlagversuchs strafrechtliche Ermittlungen anstellen müßten, könnte das für den gerade Geretteten ein Anlaß sein, alsbald einen neuen und nunmehr gelingenden Selbstmordversuch zu unternehmen! Und endlich berücksichtige man, daß unser deutsches Strafrecht mit den zur Zeit in der ganzen Welt diskutierten Fragen einer (begrenzten) Euthanasie nur deshalb fertig geworden ist und ohne Gesetzesänderung auch künftig fertig werden kann, weil und soweit die aktive und passive Selbstmordteilnahme als straflos angesehen werden. Wollte man davon abweichen, so ergäbe sich in diesem Bereich (und in anderen!) das Problem von Ausnahmeregelungen, deren le-

gislatorische Bewältigung wegen der Verfehltheit des Grundansatzes kaum möglich wäre.
Im ganzen würde also die geforderte Ausdehnung der Strafbarkeit, wenn man sie wirklich zu einem Instrument der Selbstmordprophylaxe entwickeln wollte, mehr Schaden als Nutzen stiften und weit mehr Schwierigkeiten aufwerfen als beheben. Das Strafrecht ist auf diesem Felde sehr rasch überfordert.

Präsuizidales Syndrom und Gesellschaftsstruktur von Prof. Dr. med. Erwin Ringel und Dr. med. Gernot Sonneck

Das präsuizidale Syndrom ist jene seelische Verfassung, auf deren Grundlage es zu einem Großteil der Selbstmordhandlungen kommt. Es besteht aus drei Bausteinen:

1. der Einengung,
2. der gehemmten, gegen die eigene Person gerichteten Aggression,
3. den Selbstmord- bzw. Todesphantasien.

Einengung:

Die Einengung hat ihrerseits viele Unterteilungen, und es ist nicht sicher, ob schon alle bekannt sind. Wir unterscheiden die situative Einengung: Der selbstmordgefährdete Mensch ist insofern aus dem Gleichgewicht gekommen, als er zu den Dingen seiner Umwelt einen falschen Bezug hat. Er selbst kommt sich klein, hilflos, ausgeliefert, ohnmächtig vor – die Dinge seiner Umwelt sind überwältigend, übermächtig, nicht zu verändern. Aus dem Erlebnis solchen Gleichgewichtsverlustes resultiert das Gefühl der Aussichtslosigkeit. Man kann für eine solche Situation des Menschen viele Ausdrücke oder Bilder verwenden. Der Raum, der immer mehr zusammenschmilzt, die Röhre, in die man hineingepreßt wird. Die Situation ist auch vergleichbar mit einem Käfig, in den man hineingestellt wird und aus dem es keinen Ausweg mehr gibt. Diese situative Einengung kann durch besondere Schicksalskonstellationen zustande kommen, und kein Mensch wird sagen können, daß er nicht schon einmal in einer solchen situativen Einengung war oder hineinkommen kann. Leben macht alles möglich – Leben ist immer lebensgefährlich. Wie es nun möglich ist, „unverschuldet" in diese Einengung hineinzugeraten, so gibt es auch viele Menschen, die (unbewußt) ein Leben lang daran arbeiten, immer mehr in diese Röhre zu gelangen. Die Lebensgestaltung solcher Menschen ist eine einzige Lebensverunstaltung. Sie ist gekennzeichnet von einer Aneinanderreihung von Mißerfolgen. Dies geschieht ahnungslos, weil nicht verstanden wird, daß der eigentliche Steuermann in diesen Menschen selbst sitzt, sie ihren eigenen Ohrfeigen gewissermaßen nachlaufen *(Adler)*. Daß diese Menschen dann alle möglichen anderen Faktoren für den Mißerfolg verantwortlich machen, ist verständlich, wenn man daran denkt, daß der Mensch dazu neigt, die Verantwortung bei sich selbst zuletzt zu suchen. Es gibt schließlich eine situative Einengung, die auf einer falschen Beurteilung der Betroffenen beruht; in Wirklichkeit besteht also keine Bedrohung, sie selbst aber sind fest davon überzeugt. Trotzdem ist es nicht sinnvoll, hier von Einbildung zu sprechen, da der Betreffende „objektiv" zwar vielleicht in einer ganz guten Situation ist, subjektiv diese aber als ausweglos erlebt. Das Kriterium der Beurteilung bleibt aber das subjektive Gefühl. Dieser Grundsatz hat für die praktische Arbeit mit Lebensmüden besondere Bedeutung, auf die später noch zurückzukommen sein wird. Das klassische Beispiel dafür ist die Krebsangst. Ein Patient unseres Untersuchungsgutes reiste nach Sizilien in der Meinung, er habe eine tödliche Krebserkrankung, und stürzte sich vom Felsen. Die Sektion später aber ergab, daß keinerlei Anzeichen von Krebs vorhanden waren; der Betreffende selbst war aber so fest von der Krebserkrankung überzeugt, daß er in eine tödliche Einengung geriet.

Eine weitere Form der Einengung ist die *dynamische Einengung*: Sie kann aus der situativen Einengung resultieren, insofern ein Mensch auf die situative Einengung damit reagiert, daß er nun auch von sich aus nichts mehr tut zur Gestaltung seines Daseins. Die dynamische Einengung ist ein besonderes Zeichen der Persönlichkeitsstörung, die darin zum Ausdruck kommt, daß in der situativen Einengung die Gegenregulationsmechanismen einer verstärkten Dynamik zu ihrer Behebung nicht mehr zum Einsatz kommen. *Romano Guardini* hat ein großartiges Konzept in seiner sogenannten Gegensatzphilosophie entwickelt: das Leben als die Koppelung von sich gegenseitig ausschließenden Gegensätzen zu betrachten. Wenn der Mensch diese Gegensätze in sich nicht mehr aushalten kann, verliert er die Balance, eine Kraft wird dann übermächtig. Die dynamische Einengung betrifft vor allem Gefühle, Emotionen, Assoziationen, Betrachtungsweisen und Einstellungen. Besonders deutlich kann man das an Zuständen der Depression sehen, wo alles einseitig düster, finster, schwarz und ausweglos gesehen wird. Dynamische Einengung heißt, daß die Dynamik nur noch in eine Richtung geht, ohne Gegenregulation. Diese eine Richtung kann dann so stark werden, daß das ganze Leben nur noch von den einseitigen Gedanken (an den Tod) beherrscht wird. Auf dem Höhepunkt der Selbstmordgefahr nimmt diese Dynamik eine ungeheure Macht an, mit der sie den Menschen aus der Anziehungskraft der Selbsterhaltung, die jedem eigen ist, herausreißt. In diesem Zusammenhang kann man vom Selbstmord eben nicht mehr als vom Freitod sprechen. Viele Menschen sagen einem auf die Frage, warum sie sterben wollten – sie hätten gar nicht sterben wollen, das tue man doch gegen seinen Willen. Manche deuten auch die ungeheure Kraft des Hinausgeschleudertwerdens, des Gedrängtwerdens, des Getriebenwerdens, des Gezwungenseins mit den Worten an: „Ich habe gar nicht gewußt, was da geschieht." Das fordert natürlich die Frage heraus, wieweit solche Schilderungen deshalb gegeben werden, um später eine Entschuldigung für den Selbstmordversuch zu finden. Der Jurist fragt den Psychiater dann ganz konkret, wie es mit der Verantwortlichkeit von Selbstmordpatienten steht. Es gibt sicher verschiedene Ausprägungsgrade dieser dynamischen Einengung. Von den geglückten Selbstmorden haben etwa 30% eine sogenannte Geisteskrankheit zum Hintergrund, bei denen kann man von einer besonders starken Einengung ausgehen; man soll deshalb aber nicht in den Fehler verfallen, bei den Neurotikern keine Einengung anzunehmen, die die Verantwortlichkeit reduziert oder gar ausschließt. Auch eine neurotische Einengung kann eine enorme Triebkraft, einen ungeheuren Drang und eine ungeheure Dynamik entwickeln. (Konsequent wäre es im übrigen in der gerichtspsychiatrischen Begutachtungspraxis, auch den Neurotiker, den man im Hörsaal den Studenten mit Recht als kranken Menschen vorstellt, bei Gericht dann auch konsequenterweise als Kranken zu beurteilen, dessen Verantwortlichkeit durch die Krankheit aufgehoben oder vermindert ist.)

Ein weiterer Aspekt der Einengung ist die
Einengung der zwischenmenschlichen Beziehungen:

Selbstmordgefährdete Menschen sind manchmal oder ganz allein gelassen, also isoliert, unter Umständen sind ihre zwischenmenschlichen Beziehungen aber auch nur reduziert. Das ist vor allem bei den Alten der Fall, denen immer mehr Angehörige oder Freunde wegsterben. Auf diese Weise (und auch auf anderen Wegen) kann die Einengung der zwischenmenschlichen Beziehung auch die Form annehmen, daß die zwischenmenschliche Verbindung auf einen einzigen Menschen „zusammenschrumpft". Bei den Betroffenen gewinnt dieser einzelne Mensch dann eine ungeheure Bedeutung; passiert ihm etwas durch Krankheit oder Tod, wird die Selbstmordgefahr für den anderen ungeheuer groß. Die häufigste Art der Einengung der zwischenmenschlichen Beziehung ist jedoch, daß Menschen wohl mit anderen Menschen zusammen sind, ihnen aber diese Beziehungen nichts mehr bedeuten und sie sich trotzdem allein und verlassen fühlen. Das Gefühl der eigenen Überflüssigkeit, des Sich-Nicht-Verstandenfühlens ist oft damit verbunden.

Schließlich noch die Einengung des Weiterlebens:

Der Selbstmordgefährdete kommt sich oft wertlos vor, es handelt sich also um eine Reduktion seines Selbstwertgefühls. Je wertloser sich ein Mensch nun fühlt, desto mehr ist er in der Gefahr, die Verwirklichung von Werten auch aufzugeben. Der Neurotiker hat Angst, er fühlt sich minderwertig, er traut sich nichts zu. Daraus zieht er z. B. die Konsequenz, nicht in Gesellschaft zu gehen, nichts zu unternehmen, sich für nichts zu interessieren – im Gegenteil, alle Aktivitäten als unnötige Belastung abzuwerfen. Zunächst fühlt er sich dabei erleichtert, später ergibt sich daraus eine Katastrophe. Er muß beobachten, wie die anderen der Verwirklichung von Werten nachgehen, er selbst aber abseits steht – ein Ausgeschlossener, ein Zurückgesetzter, ein „Stiefkind des Glücks".

Der zweite Baustein des präsuizidalen Syndroms ist die Aggressionshemmung:

Sie wurde schon von der klassischen Psychoanalyse beobachtet. Es war *Freud*, der als erster gezeigt hat, daß der Selbstmord eigentlich ein verhinderter Mord ist. Die geliebte und zugleich gehaßte Person, die als verloren erlebt wird, wird in die eigene Person introjiziert. Mit dem Selbstmord wird dann diese andere geliebte Person und gleichzeitig das eigene Ich vernichtet. *Søren Kierkegaard* zitiert Caligula, der gesagt hat, er wünsche, daß die ganze Welt sich in einem Kopf verdichte: dann wolle er die Waffen nehmen und diesen Kopf abschlagen. Das ist genau die Situation des Selbstmörders: Er schlägt den eigenen Kopf ab und löscht damit die ganze Welt aus, die sich in ihm abbildet, also auch die für ihn entscheidenden Personen. Es ist wichtig zu erkennen, daß der Selbstmord ein sehr massiver aggressiver Akt ist. *Adler* hat als Sozialpsychologe infolgedessen den Selbstmord als Rache bezeichnet und damit gemeint, daß es bei der Selbsttötung gleichzeitig darum geht, die anderen zu treffen. Das Leben der Hinterbliebenen bleibt fast immer überschattet von dem Selbstmord, er hat eine umweltverändernde Wirkung. Sehr deutlich wird die aggressive Komponente der Selbstmordhandlung auch darin sichtbar, daß in Kriegszeiten die Selbstmordraten sinken. Das erklärt sich zum Teil daraus, daß die Aggression hier andere Kanäle findet als die der Richtung gegen die eigene Person.

Der dritte Baustein des präsuizidalen Syndroms sind die Selbstmord- oder Todesphantasien, die auch als Flucht in die Irrealität bezeichnet werden könnten:

Der Mensch beginnt, sich aus der Wirklichkeit zu entfernen und in einer Phantasiewelt zu leben. (Vergessen wir nicht: Die Phantasie ist eine der ungeheuersten Kräfte, über die der Mensch verfügt, es gibt nichts, was nicht schon in der Phantasie vorweggenommen worden wäre.) Diese Kraft kann auch beim Selbstmord eine ungeheure Rolle spielen; es beginnt mit den Phantasien des Gegenteils, indem man aus einer peinlichen Welt in angenehmere Vorstellungen flüchtet. Der Vorteil eines solchen Verhaltens liegt auf der Hand; die Rückkehr ist aber dann besonders schwierig, denn durch die Phantasie des Gegenteils wird ja die wahre Situation nur noch unangenehmer. Die Flucht in die Phantasie bedeutet auch, daß man jede Aktivität aufgibt: Man phantasiert sich eine schönere Zukunft, aber man ändert die gegenwärtige Situation nicht. *Hermann Hesse* führt im „Steppenwolf" über das magische Theater etwa aus: In jedem magischen Theater geht einmal der Vorhang herunter. Wenn die Welt verändert werden soll, muß man bei der Veränderung seines eigenen Zustandes beginnen. Wer aber das magische Theater besucht und drinnen bleiben will, wird als Aktivist, als Weltverbesserer ausfallen. Manche sagen heute, daß die Jugend gar nicht an einer Weltveränderung interessiert ist, sondern nur am Protest. Es wird gelegentlich gesagt, es sei der Wunsch der Jugend, den Spannungszustand zwischen dem, was sein soll, und dem, was ist, aufrechtzuerhalten, weil sie daraus das Recht auf Aggression ableite. Vergessen wir nicht: Diese Aggression kann sich schließlich gegen die eigene Person wenden (die Gegenwart ist voll von diesbezüglichen, erschütternden Beispielen).

Mehrere Stadien der Selbstmordphantasien sind zu unterscheiden: Ein erster Schwerpunkt der Phantasien kreist darum, tot zu sein. Kinder haben oft die Phantasie, tot zu sein in dem Gefühl, wieder lebendig werden zu können; sie verwischen die Irreversibilität des Todes (so auch die Phantasien der Suizidenten in dieser Phase). Eine zweite Stufe des Phantasierens ist, Selbstmord zu begehen. Ihr Höhepunkt wird erreicht, wenn die Art der Durchführung fixiert wird: Dann ist besondere Gefahr gegeben, der Mensch aus der Phase der Ambivalenz (Leben–Sterben) ausgebrochen und immer mehr zum Selbstmord entschlossen. Freilich: Am Anfang fühlen sich manche Menschen durch den Gedanken, daß sie den Ausweg in den Selbstmord immer noch in „Reserve" haben, erleichtert. Nur kann es leicht passieren, daß die Geister, die man zuerst rief, einen nicht mehr loslassen. Aus dem Stadium der aktiven intendierten Phantasie als Entlastung wird dann das Stadium der passiven Phantasie, d.h., daß die Selbstmordphantasien sich nun aufdrängen und einen immer mehr zwingenden Einfluß ausüben.

Wichtig am *präsuizidalen Syndrom* ist, daß die verschiedenen Bausteine oder Symptome sich gegenseitig verstärken. Wenn ein Mensch einsam ist, bekommt er z.B. auch Schwierigkeiten mit der Aggressionsabreaktion. Einsamkeit fördert auch die dynamische Einengung, erzeugt Angst und Verzweiflung. Je kritischer die Lage, desto mehr werden andererseits Selbstmordphantasien produziert.
Ein weiterer wichtiger Gesichtspunkt im Zusammenhang mit dem präsuizidalen Syndrom ist, daß es sich rasch oder langsam entwickeln kann. Aber auch bei rascher Entwicklung (Krise, Kurzschluß) bleibt – gute Behandlung und Aufmerksamkeit

vorausgesetzt – genug Zeit, um auf dieses Alarmsymptom hilfreich zu reagieren. Dabei ist immer zu bedenken, daß die Hilfe geboten werden soll, aber nicht aufgezwungen werden darf. Eine entscheidende Leistung in der Selbstmordverhütung ist daher auch, Menschen dazu zu bringen, sich helfen zu lassen (was manchmal fast schwieriger erscheint, als diese Hilfe dann konkret zu leisten). In diesem Vorfeld des Anbietens und des Erleichterns der Annahme von Hilfe spielt sich somit eine große Entscheidung ab.

Schließlich ist noch einmal herauszustellen, daß das präsuizidale Syndrom an sich zweifellos ein pathologischer Tatbestand, daß es aber verschiedenen psychischen Erkrankungen zugehörig ist, sich in deren Rahmen entwickeln kann (z. B. Neurose, Depression, Schizophrenie usw.), wie es dem Tatbestand entspricht, daß es der gemeinsame Nenner aller psychischer Erkrankungen ist, die Selbstmord verursachen.

Es wäre nun die Frage zu behandeln, wie das präsuizidale Syndrom zustande kommt: Hier sind innere und äußere Faktoren beteiligt. Mit den inneren Faktoren meinen wir solche, die aus den Menschen kommen; man kann dabei etwa an die Anlagen zu einer endogenen Depression denken, aber auch an die Prägungen, die im Laufe seiner Biographie (vor allem in der Kindheit) den Menschen (neurotisch) festlegen. Bei den Faktoren von außen denken wir an die Umwelt und an die Gesellschaft. Es ist nun eine wichtige Aufgabe der Selbstmordforschung und der Selbstmordverhütung, inneren und äußeren Faktoren in gleichem Maße nachzugehen, sie beide entsprechend zu berücksichtigen.

Die individuellen Faktoren sind vor allem von der Psychoanalyse erforscht worden und bestimmen auch weiter die Forscher der Tiefenpsychologie. Auch der Einfluß der Gesellschaft hat eine lange Tradition hinsichtlich ihrer wissenschaftlichen Erforschung. Vor allem *Durkheim* hat gezeigt, daß die Beziehung des Menschen zu seiner Umwelt eine entscheidende Rolle beim Selbstmord spielt. Das bedeutet für die Selbstmordverhütung, sich dem einzelnen zuzuwenden, andererseits aber auch die Gesellschaft daraufhin zu untersuchen, wie weit sie mit ihren Verhaltensweisen ein präsuizidales Syndrom begünstigt. Man muß heute leider die Hypothese aufstellen, daß unsere gegenwärtige Gesellschaft den Selbstmord fördert. In diesem Zusammenhang muß geprüft werden, wie weit die drei Bausteine des präsuizidalen Syndroms Einengung, Aggressionshemmung und Rückzug in die Phantasie im Klima unserer Gesellschaft besonders gut gedeihen können.

Situative Einengung:

Selbstmordgefährdet sind besonders alte Menschen, Kranke, politisch, religiös und rassisch Verfolgte, Süchtige, Flüchtlinge, Landflüchtige, Kriminelle, Menschen in besonderen emotionalen Liebeskrisen, Menschen vor dem sozialen Zusammenbruch, Menschen nach einem Autounfall und junge Menschen. Sie alle haben eine Gemeinsamkeit. Sie stellen Minderheiten dar. In dem Referat von *Welz*, das auch in diesem Band abgedruckt ist, wird über Minderheiten ausgeführt, daß wir sie als Sündenböcke brauchen, um unseren eigenen Solidarisierungseffekt zu fördern. Die Schwachen werden benötigt, damit man an ihnen Schuldgefühle und Ängste abreagieren, in ihr eigenes Negatives hineinprojizieren kann. Dadurch kommen sie in eine äußerst bedrängte Situation. Dies vor allem, weil sie sich von der Gemeinschaft wertmäßig ausgeschlossen fühlen. Oft entwickeln sie dann als Reaktion auch eigene Wertvorstellungen. Minderheiten mit Wertvorstellungen, die von der Allgemeinheit abweichen, neigen zur Radikalisierung, sie kann zum Terror führen, aber auch zum Selbstmord. Die Verpflichtung der Gesellschaft diesen Randgruppen gegenüber besteht darin, ihre Isolation, ihre Verdammung, ihre Entfremdung aufzuheben. Vielleicht ist dies ein besonderes Problem in Deutschland: Dieses Land hat schreckliche Beispiele der Radikalisierung erlebt und sie fast immer erst bemerkt, wenn es zu spät war. Im erweiterten Sinne ist es hier daher auch Aufgabe der Selbstmordverhütung, der Vorbeugung zu dienen. Dies kann geschehen durch Zuwendung zu all diesen Gruppen. Es gibt sehr viele Kommunikationsmöglichkeiten, die eine Gesellschaft mobilisieren kann. In diesem Zusammenhang ist z. B. an Altenklubs zu denken, die versuchen, die Isolierung der Alten aufzuheben. Zur Gleichberechtigung der Alten würde auch gehören, ihre sexuellen Wünsche nicht zu tabuisieren (wie überhaupt der sexuelle Bereich im Rahmen der präsuizidalen Einengung eine große Rolle spielen kann).

Aber nicht nur die Alten sind von der situativen Einengung bedroht, sondern auch die Jungen. Die junge Generation steht in vieler Hinsicht ähnlich unverstanden, isoliert und bedroht da. Hier muß eine neue Erziehung gefunden werden: Eine gute Erziehung kann als die beste Selbstmordvorbeugung überhaupt bezeichnet werden. Erziehungspraxis darf vor allem nicht darauf hinauslaufen, das Kind als unfähig, als noch nicht ausgewachsen, als minderwertiges Individuum abzustempeln. Es ist auch nicht sinnvoll, wie das manchmal in der christlichen Erziehung geschieht, unter allen Umständen das Kind und den Heranwachsenden zur „Demut" zu erziehen, zu einem Verhalten, sich alles gefallen zu lassen. Die Erziehung von Kindern und Jugendlichen muß auf eine Ich-Stärkung abzielen, die dazu befähigt, mit den Schwierigkeiten des späteren Erwachsenenlebens und der Realitätsbewältigung fertig zu werden. Jugendselbstmorde zeigen klar, daß die Beziehung der Betreffenden zu den Eltern gestört ist. Es ist in all diesen Fällen kein Vertrauensverhältnis vorhanden, man fühlt sich nicht liebevoll angenommen. Immer wieder erlebt es der Jugendpsychiater oder Jugendpsychotherapeut, daß die Jugendlichen über nichts so glücklich sind, als jemandem alles vertrauensvoll sagen zu können, ohne Angst vor Bestrafung, Vorwürfen und Unverständnis zu haben.

Von der situativen Einengung, die durch gesellschaftliche Verhältnisse gefördert wird, sind auch besonders die politisch, religiös oder rassisch Verfolgten betroffen. Es ist ein dringendes Anliegen heute herauszustellen, daß es immer noch sehr viele Menschen gibt, die aus diesen Gründen aus der Gemeinschaft unserer Gesellschaft ausgeschlossen werden. In dem Referat von *Pohlmeier*, das ebenfalls in diesem Band abgedruckt ist, wird an Fälle des Selbstmordes erinnert, die ein letzter Versuch sind, eine Würde des Menschen und eine Freiheit des Menschen, die ihm sonst nicht mehr gewährt wird, zu gewinnen. Dabei ist wohl vor allem an die Fälle des politischen Selbstmordes gedacht. Solche Fälle existieren, jedoch soll man nicht glauben, daß es sich dabei um die Mehrzahl handelt, im Gegenteil: es handelt sich um Ausnahmen. Die Mehrzahl der Selbstmorde sind eben doch durch die präsuizidale, innere Problematik charakterisiert und haben von innen her nicht mehr die Möglichkeit einer freien Entscheidung. Auch der „freie Charakter" der politischen Selbstmorde bleibt fraglich. Hier kommt der Zwang eben nicht von innen, dafür um so mehr von außen. Gerade die Gruppe der religiös, rassisch und politisch Verfolgten fordert daher dazu auf, auch die Außenreaktionen ernst zu nehmen und niemanden von seinem Hilfsangebot auszunehmen. Ein besonders eindrucksvolles Beispiel dafür, daß es Verfemung in mannigfacher Form noch gibt, sind auch die Kranken. Krankheit wird heute immer noch als Abwertung erlebt, der Tod eines Kranken als kein großer Verlust. Das ist ein Grund dafür, daß heute manche Menschen sich dagegen sträuben, Selbstmordgefährderte als krank zu bezeichnen. Ihnen muß man sagen: Sie sind krank, aber sie dürfen deswegen selbstverständlich nicht verachtet werden. Man löst dieses Problem nicht, indem man Krankheiten leugnet, sondern die Menschen lehrt, zu den Kranken eine menschliche Einstellung zu entwickeln.

Dynamische Einengung:

Auch die dynamische Einengung wird durch unsere Gesellschaft gefördert, insbesondere durch unsere Erziehungspraxis. Hier gilt es besonders herauszuarbeiten, daß wir in unserer Konkurrenzgesellschaft zum Rivalisieren geradezu erzogen werden. Das fördert insofern dynamische Einengung, als alle anderen Möglichkeiten der zwischenmenschlichen Beziehungen ausgeklammert werden und man nur noch trainiert wird auf das Konkurrieren. In einer solchen Gesellschaft ist der Schwache hochwillkommen, denn er ist im Konkurrenzkampf keine Gefahr. Wenn dann Lebenskrisen kommen und es darauf ankommt, mit Gefühlen umzugehen, macht sich eine große Unbeholfenheit und Unfähigkeit bemerkbar. In der Konkurrenzgesellschaft und in ihrer Erziehung haben Gefühle keinen Platz. *Theodor Fontanes* Satz „Lerne denken mit dem Herzen, lerne fühlen mit dem Geist" findet keine Erfüllung, dement-

sprechend sind die Resultate: Ingmar Bergmans Ausspruch „Analphabeten des Gefühls", daß solche Menschen sich in einer Krise nicht behaupten, darf niemand wundern. Eine Erziehung, die außer Rivalität und Intellektualität auch die Meisterung der Gefühle auf dem Programm hätte, hätte Aussicht, Menschen heranzubilden, die im Augenblick einer Krise eine größere Palette von Lösungsmöglichkeiten zur Verfügung haben als unter gegenwärtigen Umständen.
Wie stark gesellschaftliche Einflüsse die Selbstmordhandlungen bestimmen, zeigen die Selbstmordankündigungen: Aus ihnen geht besonders deutlich hervor, daß es dem Lebensmüden um eine Auseinandersetzung mit der Umwelt geht. Die Frage ist, warum die Umwelt die Appelle, Hilfeschreie und Ankündigungen überhört. Es drängt sich die Antwort auf: weil die zwischenmenschlichen Beziehungen so schlecht sind und immer noch schlechter zu werden scheinen. Es ist oft darauf hingewiesen worden, daß Selbstmordhandlungen ein Versuch sind, diese Beziehungen zu verbessern und das Zusammensein lebenswert zu gestalten. Viele sagen, sie hätten mit dem Selbstmordversuch gar nicht den Tod herbeiführen wollen. Größtenteils aber werden diese Hilferufe überhört, und wenn sie doch wahrgenommen werden, wird falsch reagiert: ignoriert, bagatellisiert, verharmlost. Die sehr richtige These von *Hermann Pohlmeier*, daß demjenigen, der um Hilfe bittet, auch Hilfe gegeben werden darf und soll, muß differenziert werden: Es ist in unserer Gesellschaft außerordentlich schwer, um Hilfe zu bitten, wenn man daran denkt, wie leicht Hilfesuchende als „Schwächlinge" verachtet werden, oder wenn man daran denkt, wie auch heute noch Menschen heimlich zum Psychotherapeuten schleichen, um nicht als krank und hilfebedürftig angesehen zu werden. So trauen sich die Schwachen oft

gar nicht, sich an die anderen mit ihren Problemen zu wenden. In unserer Gesellschaft gilt der als gut und als Vorbild, der mit seinen Problemen selbst fertig wird. In einem solchen Klima kommt es natürlich schnell zu einer vielfachen Einengung der zwischenmenschlichen Beziehungen und damit zur Selbstmordgefahr.

Die nächste Frage ist, wie weit die Aggressionshemmung, der zweite Baustein des präsuizidalen Syndroms, durch unsere Gesellschaft gefördert wird: Hierzu und zum dritten Baustein, dem Rückzug von der Realität in die Phantasiewelt, nur einige kurze Bemerkungen: In unserer Gesellschaft herrscht ein Klima, wo Aggressionen unter allen Umständen zu unterdrükken sind. Wie in früheren Zeiten es nicht erlaubt war, seine sexuellen Bedürfnisse offen zu äußern, so geschieht dies heute immer stärker mit der Aggression (Domestizierung). Nur in Kriegszeiten baut der Staat gewissermaßen auf die Aggression seiner Bürger und fordert zu ihrem Ausleben auf. In Friedenszeiten ist jede Art der Auflehnung, Kritik, Auseinandersetzung vielfach unerwünscht.
Der dritte Baustein des präsuizidalen Syndroms, der Rückzug von der Realität und die Flucht in die Phantasie wird insofern durch unsere Gesellschaft gefördert, daß immer wieder Verhältnisse und Lebensbedingungen geduldet werden, die für manche sehr schwer erträglich sind. Niemand scheint sich darum zu kümmern. So kann eine gewisse Trägheit, gesellschaftliche Verhältnisse zu verbessern, eine reformfeindliche Haltung dazu führen, daß die Mitglieder sich dem Druck durch Selbstmord entziehen.

Zusammenfassend ist über den Einfluß der Gesellschaft auf das Zustandekommen des präsuizidalen Syndroms, der hier nur angedeutet werden konnte, zu sagen, daß alles, was in einer Gesellschaft geschieht, ein antisuizidales oder suizidales Klima schaffen kann. Suizidales Verhalten ist erlernbar und infolgedessen von allen möglichen Einflüssen abhängig. (Siehe z. B. die Kinder, die Selbstmordabsichten äußern; die Eltern sind fassungslos und fragen, wie das Kind auf den Gedanken des Selbstmordes kommt. Oft stellt sich dann heraus, daß der Kommunikationsstil von Vater und Mutter darin besteht, daß sie sich gegenseitig mit Selbstmord drohen, um ihre Wünsche durchzusetzen. So lernen die Kinder ein ihnen fremdes Verhalten und ahmen es nach.) So muß jede Struktur und jede Tendenz in unserer Gesellschaft auf die Möglichkeit einer positiven oder negativen Beeinflussung von Selbstmordhandlungen überprüft werden. Das gilt insbesondere auch für den Einfluß der Massenmedien wie Fernsehen, Radio, Zeitung oder Literatur. Im Zusammenhang mit der vorliegenden Tagung soll in diesem Sinne der Beitrag von *Jean Améry* durch sein Buch „Hand an sich legen" noch einmal kritisch geprüft werden. Einerseits kann dieses Essay über den Freitod als Anregung erlebt werden, sich intensiv mit dem Problem der Selbstmordverhütung, mit der Position des Suizidverhüters auseinanderzusetzen. Man darf aber deswegen die ernste Gefahr nicht aus dem Auge lassen, daß durch ein solches Buch ein suizidales Klima erzeugt werden kann. Diese Kritik erfolgte auf dem Hintergrund einer uneingeschränkten Hochachtung vor der Person und der Biographie von *Améry*. Vorsicht ist dennoch angezeigt.

Paul Valéry sagt: „Für den Selbstmörder bedeutet jeder andere nur Abwesenheit", *Jean Améry* verlangt dies sogar; er fordert, die Gesellschaft, die sich in alles einmischt, solle den Menschen wenigstens in seinem Suizid allein, nur sich selbst gehören lassen. Dies scheint uns eine Verkennung der privaten menschlichen Problematik zu sein. Kein Sich-Aufdrängen sollen wir üben, aber auch keine Gleichgültigkeit und Teilnahmslosigkeit. Und daher bleibt unsere Devise auch in Zukunft mit *Valéry* und entgegen *Améry*: Wir wollen anwesend sein!

Das theologische Problem von Selbstmord und Selbstmordverhütung von Dr. theol. Artur Reiner

Die Suizidproblematik ist alles andere als eine Erholung. Das Thema rührt an existentielle Fragen: an die Frage des Lebens, des Nicht-mehr-leben-Könnens und an die Frage des Sterbens und des Todes. *Ruth Cohn* hat einmal den Rat gegeben, jede Tagung, die das Thema Suizid behandelt, mit einem Vortrag zu beginnen „Über die Kunst und Freude zu leben". Mein Thema befaßt sich dagegen noch einmal mit der Frage nach der Suizidverhütung, aber auf dem Hintergrund der „Kunst und Freude zu leben".

Sterben und Tod in unserer Gesellschaft

Sterben und Tod in ihrer erschreckenden Vielfalt sind dem Menschen noch nie so alltäglich vor Augen geführt worden wie in unseren Tagen. Presse, Rundfunk und Fernsehen wie die unmittelbare Erfahrung im Straßenverkehr, gelegentlich in der Nachbarschaft, in Krankenhäusern, bei Kriegen, in Katastrophen und Terrorakten vermitteln uns täglich Bilder und Eindrücke von sterbenden Menschen – von Menschen, die sich das Leben nehmen wollen – und vom Tod.
Andererseits sind Sterben und Tod dem Menschen noch nie so fremd gewesen wie in unserer industrialisierten Gesellschaft. Wie wenig Zeit bleibt den Angehörigen, sich von ihren Verstorbenen im Krankenhaus zu verabschieden? Wie schwer fällt es uns, einen Schwerkranken zu besuchen und einfach an seinem Bett auszuhalten! Wie selten wird mit Todkranken über den Tod gesprochen – von Ärzten, Schwestern, Pflegern, Seelsorgern und Angehörigen? Wie schwer fällt es uns, mit einem Menschen ins Gespräch zu kommen, der uns beispielsweise seine Suizidabsicht mitteilt? Wie schnell wechseln wir da das

Thema! Wie viele andere Themen und Probleme fallen uns selbst in dieser Situation ein! Wieviel leichter können wir diese Fragen von uns wegschieben angesichts von Berichten in den Massenmedien! Was bleibt, ist meist eine unterschwellige Angst vor dem Leben heute: zu Hause, auf der Straße, im Betrieb, Angst vor Krieg, vor Terror und Katastrophen, Angst vor dem Altwerden, Angst vor dem Krankwerden, Angst vor dem Sterben, Zukunftsangst. Oft ist sie ganz unbestimmt und doch belastend, manchmal so belastend, daß Menschen meinen, mit dieser Angst nicht mehr leben zu können, und deshalb im Selbstmord eine Lösung suchen (*Meier-Scheuch*, ein unveröffentlichtes Manuskript).
Diese Beobachtung könnte dazu verleiten zu glauben, es gäbe unter den wenigen Menschen, die den Tod nicht verleugnen, sondern sich ihm in persönlicher Auseinandersetzung stellen, eine Gruppe, die entschieden und mutig dem Tod ins Auge schaut und ihn will: Menschen, die sich das Leben nehmen oder zu nehmen versuchen. Wer sich mit dieser Gruppe näher beschäftigt, merkt sehr bald, daß er differenzieren muß, wenn er nicht einer Täuschung anheimfallen will. Suizidhandlung und Sterbenwollen sind häufig nicht identisch. Das mag zwar widersprüchlich klingen, aber die Erfahrung zeigt, daß Menschen – weil sie nicht anders können, einerseits eine Handlung begehen, die den Charakter der Selbstvernichtung hat, andererseits aber nicht den Tod, sondern das Ende eines unlösbaren Konfliktes anstreben, ohne sich mit Sterben und Tod auseinanderzusetzen. Diese These möchte ich aufgrund meiner Beobachtungen, die ich als Pfarrer an den Universitätskliniken in Heidelberg machen konnte, näher erläutern und belegen. Vorher einen kurzen Bericht über die Art meiner Tätigkeit als Klinikpfarrer.

Seelsorgliche Betreuung von Suizidpatienten

Integration in ein Team

Seit 1959 arbeite ich als Pfarrer an den Universitätskliniken in Heidelberg. Bei meinen Krankenbesuchen begegnete ich in den ersten Jahren gelegentlich auch Suizidpatienten, die damals auf allen Stationen der Inneren Medizin verstreut behandelt wurden. Es war jeweils immer Zufall, wenn ich bei meinen kursorischen Besuchen auf einen Suizidpatienten stieß. Neben der internistischen Betreuung wurden sie meistens von einem Psychiater visitiert, der diesen Dienst nur konsiliarisch versah und fast ausschließlich diagnostisch, aber nicht therapeutisch arbeiten konnte. Er hatte vor allem festzustellen, ob ein Patient psychotisch war oder nicht. Wenn ja, wurde dieser in die Psychiatrie verlegt, wenn nein, war der nächste Schritt abzuklären, ob er noch suizidal ist oder nicht. Wenn ja, wurde der Patient ebenfalls in die Psychiatrie überwiesen, wenn nein, konnte er bald – oft schon einen Tag nach der Entgiftung – entlassen werden. Das ist auch heute noch weitgehende Praxis in unseren Krankenhäusern, soweit es überhaupt einen psychiatrischen Konsiliardienst gibt.
Mitte der sechziger Jahre wurde der Suizidentendienst verbessert. Ein Team von psychosomatisch und psychotherapeutisch ausgebildeten Internisten kümmerte sich in Zusammenarbeit mit einer Sozialarbeiterin und den Pfarrern um die Nachbetreuung der Suizidpatienten. Leider löste sich aus personaltechnischen Gründen nach etwa zwei Jahren dieses Team wieder auf, weil ein Großteil des Teams die Medizinische Klinik verließ, so daß der frühere, für alle Beteiligten recht unzufriedenstellende Zustand des Konsiliardienstes wieder an dessen Stelle trat.

Seit August 1974 arbeitet wieder ein Team auf der Intensivstation der Inneren Medizin, das sich nach dem derzeitigen Stand folgendermaßen zusammensetzt: außer den Internisten und dem Pflegepersonal sind zwei Psychiater – einer ganztägig, einer halbstags –, eine Sozialarbeiterin, ein evangelischer Pfarrer und ein katholischer Pfarrer für die Suizidpatienten da. Strukturell gehört das Team zur Poliklinik der Psychiatrie. Alle Teammitglieder treffen sich regelmäßig einmal wöchentlich zu einer Sitzung, bei der alle Patienten aus der vergangenen Woche besprochen werden. An dieser Sitzung nimmt auch der leitende Oberarzt der Psychiatrischen Poliklinik teil. Außerdem versuchen wir, uns einmal pro Woche zu einer Supervisionsgruppe zu treffen, in der der einzelne für seine Arbeit Hilfe und Entlastung durch die übrigen Teammitglieder bekommen kann. Daß wir täglich untereinander Kontakt halten, ist die Voraussetzung unserer Teamarbeit.

Was macht der Seelsorger im Team?

Wenn irgendwie möglich, wird jeder Patient vom Seelsorger besucht. Die beiden Seelsorger (evangelisch und katholisch) teilen ihren Dienst so ein, daß jeweils wochenweise einer alle Suizidpatienten besucht. Wir verstehen unseren seelsorglichen Besuch als ein Angebot – wie auch die übrigen kursorischen Besuche –, von dem der Patient Gebrauch machen kann, wenn er will. Wir versuchen also nicht, unter allen Umständen einen Patienten zum Sprechen zu bringen. Bei Arbeitsüberhäufung des Teams übernehmen wir gelegentlich auch einmal mehr die Therapeutenrolle, in der wir dann auch aktiver und fordernder auf den Patienten zugehen.
Für den ersten seelsorglichen Besuch hat sich bewährt, wenn

wir gleich zu Beginn dem Patienten sagen, daß wir wissen, warum er auf der Station liegt. Dadurch nehmen wir ihm die Belastung eines Bekenntnisses und erleichtern ihm den Anfang für ein Gespräch. Schon in früheren Jahren habe ich die Erfahrung gemacht, daß Suizidpatienten ihren Suizidversuch häufig verleugnen, wenn ich sie nur frage: „Wie geht es Ihnen?" oder „Was fehlt Ihnen?" In diesem Fall wird die Chance zu einem intensiven Gespräch sehr erschwert, weil sich der Patient überführt vorkommt, wenn er anfangs seinen Suizidversuch verleugnet hat.

Die meisten Suizidpatienten sind dem Seelsorger gegenüber gesprächsbereit. Ab und zu lehnt einer das Gespräch ab, etwa mit dem Hinweis, er habe schon ausführlich mit dem Arzt gesprochen, oder er habe kein Bedürfnis, mit einem Pfarrer zu sprechen.

Was sind die Hauptprobleme, die dem Seelsorger vorgetragen werden? In den meisten Fällen sprechen die Patienten ausschließlich über den Konflikt, der zum Suizidversuch geführt hat. Am häufigsten werden genannt: Partnerkonflikte, Schwierigkeiten mit den Eltern, Kontaktschwierigkeiten (besonders bei Jugendlichen) und Probleme der Vereinsamung (besonders bei alten Menschen, aber auch bei jüngeren Menschen in Wohnverhältnissen, die Kontakte erschweren – wie z.B. Hochhaussituation ... unsere Schwesternhochhäuser nicht ausgenommen), berufliche und finanzielle Probleme, Krankheit, wobei immer wieder zu beobachten ist, daß die Krankheit allein meistens nicht zum Suizidversuch geführt hat, vielmehr das Gefühl, in der Krankheit von den Kontaktpersonen im Stich gelassen zu werden oder ihnen zur Last zu fallen.

Bei den vorgetragenen Konflikten konnte ich beobachten, daß die Patienten mir als Seelsorger ungefähr dasselbe mitteilen, was sie dem Arzt oder der Sozialarbeiterin gesagt haben. In Einzelfällen klammern sie bestimmte Themen bei mir aus oder sprechen über bestimmte Probleme mit mir, über die sie mit dem Arzt oder der Sozialarbeiterin nicht gesprochen haben, z. B. über Fragen des Gewissensbereichs, die ihnen Schuldgefühle verursacht haben; gelegentlich wünscht ein Suizidpatient auch ein Beichtgespräch.

Welche Einstellung zum Tod läßt sich bei Suizidpatienten beobachten?

Kaum ein Patient kommt von sich aus auf die Frage des Todes zu sprechen. Auch sehr gesprächsbereite und offene Patienten berichten immer wieder nur von ihrer Problematik und fragen nach dem Hilfsangebot, das ich ihnen als Pfarrer machen kann. Diese Erfahrung mag sehr verwundern, denn Suizidhandlung und Tod scheinen doch – zumindest für den nicht unmittelbar Betroffenen – mit einer inneren Logik zusammen zu gehören. Aber Suizidhandlung und Sterbenwollen sind eben häufig nicht identisch. Vielmehr wird die Suizidhandlung als letzte Möglichkeit verstanden, einem unlösbaren Konflikt dadurch zu entrinnen, daß der Betroffene mit der Suizidhandlung die Verantwortung für sein Leben abzugeben versucht und Hilfe für die Lösung des Konfliktes von außen erwartet. Zwar setzt er eine Handlung, die den Charakter der Selbstvernichtung trägt, trotzdem möchte er nicht sterben, sondern so nicht mehr weiterleben. Von daher wird dann verständlich, daß er sich nicht mit dem Tod auseinandersetzt, sondern an seinem Konflikt hängenbleibt. Deshalb reagieren die meisten Suizidpatienten auch verwundert auf die Frage, ob sie eigentlich sterben wollten, wie sich mit vielen Beispielen aus dem Krankenhaus belegen ließe.

Anders verhält es sich bei Menschen, die sich tatsächlich suizidiert haben. Soweit aus ihrem Nachlaß Rückschlüsse möglich sind, scheint es, daß sie sich bei ihrer geplanten Suizidhandlung mit dem Sterben und mit dem Tod auseinandergesetzt haben. Ich weiß, daß die Meinungen in diesem Punkt auseinandergehen. Soweit ich jedoch Einblick nehmen konnte in Aufzeichnungen von Menschen, die sich suizidiert haben, scheint mir eine Unterscheidung in diese zwei Gruppen gerechtfertigt zu sein. Mehrfach haben mir Eltern Tagebuchaufzeichnungen von ihren Söhnen oder Töchtern gebracht, die sich suizidiert hatten, um ihre eigenen Schuldgefühle über den Tod eines Familienangehörigen zu verarbeiten. Ein Beispiel soll das Gesagte näher erläutern:
Im Tagebuch eines 32jährigen unverheirateten Mannes, der sich stranguliert hat, ist unter der Überschrift „Mein Nachlaß" u.a. folgendes zu lesen:
„. . . Falls ich mein Leben aus eigenem Entschluß im Bewußtsein meiner völligen Unselbständigkeit im Leben, meiner in letzter Zeit immer größeren Lebensfurcht und angesichts meines Versagens im Beruf beenden sollte, so will ich euch für alle Liebe danken, die ihr mir zuteil werden ließet in den 32 verflossenen Jahren meines Lebens, das ich mir nun selbst verekelt habe. Ich bitte euch um Verzeihung, wenn es überhaupt eine solche gibt . . . Wenn ich mich durch eigene Hand aus diesem Erdenleben entferne, *so laßt meine sterblichen Überreste verbrennen* und tilgt jede Erinnerung an mich aus, als habe ich nie existiert. Ich hoffe, daß ihr mir diesen Wunsch erfüllt, denn es wäre der letzte in meinem selbstzerstörten Leben. Ich hoffe, ich kann euch auch aus dem Jenseits beistehen, ganz egal, wie es aussieht und wie es für mich ausfällt. Ich werde, wenn irgendwie möglich, über eurem Glück wachen und euch beschützen.

Grüßt alle Verwandten und Bekannten von mir und sagt ihnen, daß ich im Bewußtsein meines Versagens aus eigenem freien Entschluß aus diesem für mich unerträglich gewordenen Leben gegangen bin . . .
Ich habe nun noch, infolge mangelnder Entschlußkraft, eine weitere Woche weitergelebt und mich bemüht, noch soviel als möglich zu arbeiten, obwohl ich entschlossen bin, Schluß zu machen. Dieser Entschluß gab mir offenbar die Kraft, noch so lange auszuhalten, und sogar noch Zuversicht zur Schau zu tragen, obwohl ich wußte, daß ich völlig versagt habe. Hoffentlich gelingt es mir endlich, dieser Qual ein Ende zu machen. Ich bin sicher, daß ihr mich vergessen könnt.
Ich verpasse eine Gelegenheit nach der andern, Schluß zu machen. Es ist wie verhext. Mal traue ich mich nicht, dann wieder gibt es technische Mängel, wie einen morschen Stuhl, der nachgab, bevor ich soweit war. Ich habe nicht geglaubt, daß es einem schwerfällt, da ich eigentlich dieses Jahr nicht mehr beginnen wollte. Und nun ist schon wieder der halbe Januar vergangen, ohne daß ich Schluß gemacht habe.
Ich habe noch länger gewartet, aber Lebensmut ist kaum noch vorhanden. Hoffentlich gelingt es bald! Ich habe anscheinend die ganze Übersicht verloren und traue mir gar nichts mehr zu.
Ich habe versucht, soviel wie möglich zu arbeiten und wenigstens noch einfache Dinge zu erledigen."
Es folgt dann als Abschluß der Tagebuchnotizen sein Testament, in dem er genaue Anweisungen an seine Hinterbliebenen gibt. Nach der Unterschrift des Testamentes steht noch eine Bemerkung:
„Ich habe dieses Schreiben mit Fingerabdrücken in Klebstoff von beiden Händen gesiegelt."

Nach diesem (erschütternden) Zeugnis eines Verstorbenen komme ich zu einem weiteren Themenkreis im Gespräch mit Suizidpatienten:

Suizidhandlung und Schuldgefühle

Nur wenige Patienten äußern dem Seelsorger gegenüber Schuldgefühle über ihren Suizidversuch. Auch im Zusammenhang mit dem Wunsch nach dem Empfang der Kommunion fühlen sich die meisten Suizidpatienten durch ihren Suizidversuch nicht schuldig. Sogar bei einem Beichtgespräch spielt die Suizidhandlung in vielen Fällen keine oder wenigstens keine wesentliche Rolle. Eine ältere Frau, die nach einem Suizidversuch in klinischer Behandlung war, bat am Samstagabend um die Kommunion. Als ich sie fragte, ob sie beichten wolle, lehnte sie mit der Bemerkung ab, daß dies nicht notwendig sei und der Suzidversuch doch wohl nichts Schlimmes darstelle. Diese Einstellung wird verständlich, wenn wir bedenken, daß für viele die Suizidhandlung nicht als Entscheidung zu sterben, sondern als Versuch, *so* nicht mehr weiterleben zu müssen, erlebt wird.

Wenn sich in Einzelfällen Patienten über ihren Suizidversuch schuldig fühlen, ist es wichtig, daß der Seelsorger das Thema Schuld aufgreift, um mit dem Patienten daran zu arbeiten. Häufig leitet der Patient das Gespräch damit ein, daß er sich selber anklagt, sich für seinen Suizidversuch entschuldigt und beteuert, so etwas nie mehr tun zu wollen. Eine Verharmlosung von seiten des Seelsorgers wäre keine Hilfe für den Patienten. Nur wenn ich ihn in seinem Schulderleben ernst nehme, kann ich Zugang zu ihm finden und mit ihm an seiner möglichen Schuld arbeiten. Deshalb empfiehlt es sich als ersten

Schritt, ihm zu bestätigen, daß etwas Gravierendes geschehen ist, um dann in einem zweiten Schritt mit ihm daran zu arbeiten, daß dieses Geschehen jetzt eben zu seinem Leben gehört, daß es wichtig ist, dazu zu stehen, um aus dem Geschehenen an der Zukunft zu arbeiten. Für religiös offene Menschen kann in diesem Prozeß befreiend erlebt werden, was Vergebung heißt: nicht Auslöschen der Vergangenheit oder Rückgängigmachenwollen des Geschehenen, sondern Angenommensein im Hier und Jetzt. Diese Erfahrung kann den sich schuldig Fühlendenden ermutigen, sich selbst mit seiner konkreten Lebensgeschichte und Schuld anzunehmen und so neue Möglichkeiten für die Zukunft zu eröffnen.
Eine Sonderstellung nehmen die Patienten ein, die unter starken Depressionen leiden. Bei dieser Gruppe spielen Schuldgefühle verständlicherweise eine große Rolle, da starke Schuldgefühle bekanntermaßen ein Teil der erlebten Depression sind. Ganz pauschal betrachtet kann ich als Seelsorger fast die Behauptung wagen, daß der Verdacht auf eine Depression vorliegt, wenn ein Suizidpatient, den ich besuche, mich sofort um die Beichte bittet.

Suizidhandlung und Sinnfrage

Nicht selten wird im Gespräch mit Patienten nach einem Suizidversuch die Frage nach dem Sinn des Lebens gestellt. Der Seelsorger mag versucht sein, eine theologische oder für nicht kirchlich gebundene Menschen eine philosophische Antwort zu geben. Wenn er sich auf diese Ebene einläßt, wird er häufig die Erfahrung machen, daß seine Antworten – auch wenn sie theologisch bzw. philosophisch stimmig sind – nicht ankommen. Die Frage nach dem Sinn des Lebens ist meistens ein Appell

nach Zuwendung, das heißt, eine Klage, daß es anscheinend niemand gibt, von dem der Fragende Liebe erfahren hat. Wer durch mangelnde Liebe in der frühen Kindheit geschädigt ist, wird auch im späteren Leben schwerlich fähig sein, angebotene Zuwendung und Liebe anzunehmen, oder in seiner Erwartung so maßlos sein, daß er nie genug bekommen kann, so daß permanent das Defizit bleibt und ihn lebensunfähig macht. Hier kann nur eine langfristige Therapie Versäumtes aufarbeiten. Seelsorger bzw. Therapeut können im Kontakt mit Menschen nach einem Suizidversuch zu Repräsentanten werden, die den Wunsch nach Angenommensein vermitteln. Wertfreies Zuhören, Zulassen von Gefühlen, vor allem von negativen Gefühlen, Erfahrbarmachen von Angenommensein sind wichtige Schritte, an denen Suizidpatienten lernen können, mit ihrer Realität besser umzugehen. Allerdings ist es dabei auch notwendig, sich abzugrenzen, das heißt, sich nicht in die Rolle von Substituten (für Vater bzw. Mutter, fehlenden Partner oder Freund) drängen zu lassen, weil sonst der Konflikt nicht verarbeitet, sondern wiederholt wird, wenn der vermeintliche Vater bzw. die vermeintliche Mutter oder Freund-Ersatz diese Rolle nicht mehr weiter übernehmen will und kann. Es ist ein schmaler Grat, auf dem sich jeder bewegt, der einerseits Zuwendung und Angenommensein vermitteln will, andererseits sich abgrenzen muß, um seinen Partner zur Realität hinzuführen.
Vielleicht fragen sich jetzt manche, ob das, was ich zur Sinnfrage dargelegt habe, etwas mit Theologie zu tun hat? Theologie beginnt nicht erst dort, wo das Wort Gott fällt oder irgendein theologischer Begriff verwendet wird, sondern dort, wo sich das ereignet, was Jesus gelebt und verkündet hat. Vor einigen Monaten hat Professor *Kautzky* (1977) in einem anderen Zusammenhang die Frage nach dem spezifisch Christlichen in der

Therapie so gestellt: „Beginnt das Christliche vielleicht dort, wo die Rolle keine Rolle mehr spielt?" – Ich glaube, es lohnt sich, darüber einmal nachzudenken. In unserem Zusammenhang möchte ich es noch konkreter sagen: Wer Hunger hat, braucht *zuerst* Brot und dann vielleicht ein Wort der Bibel oder ein Sakrament. Wenn die Suizidhandlung vieler Menschen als Ruf nach Kommunikation und Angenommenwerden verstanden wird, können die Botschaft von einem liebenden Gott und die Sakramente als Zeichen der Nähe Gottes erst verstanden werden, wenn der Hilfesuchende Liebe und Angenommensein von denen erfährt, die ihm begegnen.

Möglichkeiten und Grenzen der Nachbetreuung

Krisenintervention

Bei der großen Anzahl von Suizidpatienten – 1976 waren es in der Universitätsklinik Heidelberg fast 600 – kann das Team in der Klinik nicht mehr als eine gezielte Krisenintervention leisten. Gespräche mit dem Patienten, Gespräche mit der wichtigsten Bezugsperson, ein oder zwei Nachgespräche nach der klinischen Entlassung sind in etwa die Regel. Wenn diese Kurztherapie genügt, wird dem Patienten das Angebot gemacht, sich im erneuten Konfliktfall wieder an unser Team wenden zu können. Ergibt sich aus den Gesprächen die Notwendigkeit einer längeren Therapie, wird der Patient von der Klinik aus an einen Therapeuten weitervermittelt. Einzelne Patienten können gelegentlich auch vom Team über längere Zeit hin nachbetreut werden. Alkohol- oder Drogenabhängige werden jeweils an entsprechende Stellen weitergeleitet.

Suizidpatient und Kirchengemeinde

Wenn wir davon ausgehen, daß nur eine Minderheit unserer Gesellschaft intensiven Kontakt zu einer kirchlichen Gemeinde hat, trifft das auch auf Patienten nach einem Suizidversuch zu. Dadurch entfällt in den meisten Fällen die Möglichkeit, über eine kirchliche Gemeinde dem Patienten nach der Entlassung aus der Klinik eine zusätzliche Stütze zu geben. In den wenigen Fällen, in denen es vom Patienten her erwünscht ist, fühlen sich nicht selten der Gemeindepfarrer und die Gemeinde überfordert. Infolge der Unerfahrenheit im Umgang mit Suizidgefährdeten haben sie Angst vor der ersten Begegnung, Angst, etwas falsch zu machen, bis hin zu gelegentlichen Vorurteilen, so daß sie nicht unvorbereitet diese Aufgabe übernehmen können.

Kirchliche Gemeinde und Selbstmordverhütung

Aufgrund statistischer Untersuchungen steht fest, daß bestimmte Gruppen unserer Gesellschaft mehr suizidgefährdet sind als die übrige Bevölkerung. Damit ist der kirchlichen Gemeinde die Möglichkeit gegeben, sich um diese Gruppen besonders zu bemühen, um dadurch das Entstehen einer Krise zu verhindern oder bei der Verarbeitung einer entstandenen Krise zu helfen. Ich möchte in diesem Zusammenhang nur einige wenige herausgreifen:

Alte Menschen

Es ist bekannt, daß bei alten Menschen körperliche Krankheiten, bei Männern insbesondere das Ausscheiden aus dem Beruf und damit Minderung des Selbstwertgefühls, Vereinsamung bis hin zu den Belastungen der ungewohnten täglichen Arbeiten im Haus nach dem Tod der Frau häufig Ursachen einer akuten Suizidgefährdung sind. Eine Gemeinde, die darum weiß, kann durch eine entsprechende Altenseelsorge mit einem differenzierten Angebot in vielen Fällen indirekt Suizidprophylaxe leisten.

Junge Menschen

Suizidversuche kommen in der Altersgruppe von 16 bis 30 Jahren am häufigsten vor. Neben der Pubertäts- und Adoleszenzkrise sind es vor allem Partnerprobleme, die junge Menschen oft als ausweglose Situation erleben. Auf diesem Hintergrund erhalten Erwachsenenbildung, die die Eltern und Erzieher für ihre anspruchsvolle Aufgabe befähigen hilft, sowie Beratungsstellen und Eheseminare als entfernte Suizidprophylaxe neue Bedeutung.
Von besonderer Bedeutung kann die christliche Gemeinde als Ort der Begegnung werden, wenn sie in der Lage ist, ihr Milieu zu öffnen für Menschen, die Hilfen in der Einsamkeit suchen, z. B. in Gestalt von Kontaktgruppen, die so angesiedelt sind, daß einsame und verlassene Menschen einen Zugang finden können, der nicht zu große Überwindung von Barrieren eines innerkirchlichen Selbstverständnisses verlangt.
Weitere Gestaltungsmöglichkeiten sind z. B. Patientengruppen. Wir haben in unserer Klinikgemeinde in Heidelberg dabei Erfahrungen gemacht, daß Patientengruppen zwischen Klinik und dem Leben draußen so angelegt sind, daß sie für den gerade entlassenen psychisch Kranken nicht zuviel Überwindung von Fremdheit erfordern, um in einer solchen Gruppe Heimat zu finden. Andererseits ist es wichtig, daß eine solche Gruppe in

ihrer Arbeit eine Blickrichtung auf das Leben in der Gemeinschaft außerhalb der Klinik richtet. In unseren Heidelberger Klinikgemeinden bestehen zur Zeit zwei solcher Gruppen, die nach mehreren Jahren Arbeit z. B. in der Lage sind, auch einen Sonntagskaffee für Patienten in der Klinik mitzugestalten. Viele dieser ehemaligen Patienten verbringen gemeinsam ihren Urlaub, treffen sich an Wochenenden und helfen sich gegenseitig bei den ersten Schritten zurück ins Leben.

Die Hinterbliebenen nach einem Todesfall

Für die meisten Menschen – auch für kirchlich nicht gebundene – ist ein sogenannter Trauerfall Anlaß, den Seelsorger aufzusuchen. Wenn dabei ein Kontakt mit den Angehörigen zustande kommt, kann er für den positiven Verlauf der Trauerverarbeitung von entscheidender Bedeutung sein.

Sterben – oder so nicht mehr leben wollen?

Wir haben gesehen, daß Suizidhandlung und Sterbenwollen häufig nicht identisch sind, vielmehr muß die Suizidhandlung als Appell verstanden werden. Somit geht es bei der Suizidverhütung nicht nur darum, daß Menschen überleben, sondern daß sie mit dem neugewonnenen Leben auch etwas anzufangen vermögen. Deshalb ist Suizidprophylaxe eine Aufgabe, die viel Anstrengung, Engagement und Liebe verlangt, und ein Anspruch an jeden, der helfen will, daß er mehr anzubieten hat als nur die Möglichkeit zu überleben.

Nicht leben – nicht sterben
Anmerkungen zu einem Fernsehbericht
von Wilma Kottusch

Der filmische Bericht *Nicht leben – nicht sterben* wurde im Auftrag des Süddeutschen Rundfunks gedreht und im Dritten Programm bereits gesendet. Auf Wunsch der Tagungsleitung in Hamburg, deren Ergebnisse in diesem Buch vorgelegt werden, wurde eben dieser Film einem fachlich interessierten Zuschauerkreis vorgestellt und anschließend diskutiert.

„Selbstmordversuch – Der Versuch eine Krise zu bewältigen", so der Untertitel des Berichtes, signalisiert, wenn auch verschlüsselt, die Intention des Filmes – den Versuch nämlich, Stadien einer Krise dokumentarisch festzuhalten. In Interviews oder besser in vorsichtigen Gesprächen wurde die Zeit einer Krise transparent gemacht, das Erleben einer Situation, die unweigerlich zum Versuch einer Selbsttötung, zu einem mißglückten Selbstmordversuch führte. Hier sollte also in ungestellten Situationen, so vorurteilsfrei wie möglich, gezeigt werden, wie Selbstmordverhütung vor sich geht. Daß dies letztlich ein illusionäres Unterfangen bleibt, weil es in diesem Sinne so wenig vorurteilsfreie Dokumentationen gibt wie vorurteilsfreie Wissenschaft, ist auch in diesem Bericht spürbar. Das wird besonders deutlich dadurch, daß der Großteil der Aufnahmen im klinischen Bereich auf der Intensivstation gemacht wurde. Der Grund dafür ist, daß der Zugang hierzu möglich war, zu nachsorgenden Einrichtungen hingegen nicht.

Die Dokumentaraufnahmen auf einer Intensivstation können dabei in ihrer schonungslosen Härte den Zuschauer betroffen machen. Hierbei sollte deutlich werden, wie sehr die Technik der apparativen Medizin die Bewältigung der psychologischen und sozialen Situation des Betreffenden beeinflußt und wie schnell nach der ersten medizinischen Versorgung dann eine Zeit einsetzt, in der der Lebensmüde Hilfe und Rat braucht.

Daß die Intensivstation das nicht mehr leisten kann, ist allen Beteiligten klar und wird ebenso von allen Beteiligten als Mangel empfunden. Der Film könnte hier wohl Denkanstöße geben, dieses Vakuum zu erkennen und anzugehen.

Nicht zu vergessen ist jedoch, daß auch die andere Seite gestützt werden muß. Nicht selten bringt der Hilfesuchende seine Umgebung in innere Schwierigkeiten. Die manchmal barschen und ungeduldigen Reaktionen der Schwestern und Ärzte stehen nicht für mangelndes Einfühlungsvermögen oder für Lieblosigkeit. Sie zeigen vielmehr eine tiefe, innere Unsicherheit und Hilflosigkeit dem Sterben gegenüber, letztlich sogar Angst. Auch das sollte nicht zum Vorwurf oder gar zur Anklage werden. Es gilt die Konsequenz daraus zu ziehen, daß Selbstmordverhütung machbar ist und daß eine Schulung des Krankenpflegepersonals unumgänglich ist. So dokumentiert denn auch die Situationsschilderung am Krankenbett die Auseinandersetzung Suizidant–Betreuer, die nur bruchstückhaft oder gar nicht stattfindet, und zeigt damit die Notwendigkeit einer Aufklärung. Hier bedarf es keiner Kommentierung – die Bilder sprechen für sich.

Die Interviews außerhalb der Klinik, am See, auf dem Domplatz in Salzburg und auf unbekannten Wegen scheinen dem Prinzip der Dokumentation weniger zu entsprechen – wird doch der Befragte durch die teilweise suggestiv gestellten Fragen so beeinflußt, daß er nicht mehr vorurteilsfrei reden kann. Es wurde, um diesen Fehler möglichst klein zu halten, eine Fragetechnik versucht, die den anderen möglichst unbefangen zu Wort kommen läßt. Das war schwierig, da Menschen in der Depression nur ungern reden und dazu auch gar nicht fähig sind. Eines wird besonders deutlich, daß es nämlich im Selbstmordversuch darum geht, wie der Mensch eine Krise durchläuft und bewältigt. Das kündigte der Untertitel berechtigterweise an, und so wird es in der Fachliteratur ja auch oft beschrieben. So spricht Professor Dr. med. *Erwin Ringel*, der Präsident der „Internationalen Gesellschaft für Selbstmordverhütung" (IASP), in der Einleitung des Filmes über die Bedeutung des präsuizidalen Syndroms. Dem Präsidenten der „Deutschen Gesellschaft für Selbstmordverhütung" (DGS) Professor Dr. med. *Hermann Pohlmeier*, verdanke ich die wissenschaftliche Beratung. Er hat überdies Kontakte zu Betroffenen und Institutionen ermöglicht. Gegen Schluß des Filmes gibt Professor *Pohlmeier* in einem Statement im Rahmen einer Fachdiskussion klar zu verstehen, daß Krisenintervention möglich ist und unausgesprochen vom Suizidanten auch erwartet wird.

Zum Schluß stellt sich natürlich die Frage, ob Selbstmordverhütung unter sozialkritischen Gesichtspunkten auf den Fernsehschirm gehört. Meine Antwort ist ein klares Ja. Die Wahrheit der Wirklichkeit kann nur frei machen und neue Wege und Möglichkeiten zu wirksamerer Hilfe eröffnen. Daß Massenmedien die Selbstmordrate steigern, ist bis jetzt nicht gesichert und wurde von *Ringel* in einer mündlichen Mitteilung verneint. Die Betroffenheit aber, die mein Filmteam und ich während der Drehzeit erfahren haben und die auch beim Zuschauer ausgelöst wurde – auch auf dieser Hamburger Tagung wurde das wieder sehr deutlich –, diese Betroffenheit wird sich umsetzen in ein verstärktes Engagement. Das war meine Absicht und ist meine Hoffnung.

Anhang
Bibliographien der Beiträge

Wann wird Selbstmordverhütung notwendig?
von Prof. Dr. med. Hermann Pohlmeier

Alvarez, A.: *Der grausame Gott*, Hamburg 1974 (deutsche Übersetzung; englische Ausgabe London 1971)

Améry, J.: *Hand an sich legen – Diskurs über den Freitod*, Stuttgart 1976

Ders.: Interview in: Die Zeit, 13. 8. 1976, S. 29f.

Corpus Juris Canonici:
Canon 1240 (Selbstmord)
Canon 2350 (Selbstmordverhütung)
Canon 1399 (Index)
Rom 1918

Engisch, K.: *Der Arzt an den Grenzen des Lebens*, Bonn 1973

Ders.: *Suizid und Euthanasie nach deutschem Recht*, in: Esser, A. (Hrsg.): *Suizid und Euthanasie*, Stuttgart 1976

Farberow, N. L./Shneidman, S. (Hrsg.): *The Cry for Help*, New York 1961

Heidegger, M.: *Was ist Metaphysik*, Frankfurt ^{1}1929

Heinrich, M.: *Die Urteile des BAG zum Suizidversuch und Alkoholismus aus psychiatrischer Sicht*, in: Nervenarzt 47 (1976) S. 596–603

Henseler, H.: *Selbstmord und Selbstmordversuche: Vorurteile und Tatsachen*, in: Deutsches Ärzteblatt 68 (1971) S. 789 bis 791

Herzog, E.: *Psyche und Tod*, Zürich 1960

Illich, J.: *Die Enteignung der Gesundheit*, Reinbek/bei Hamburg 1975

Küchenhoff, G.: *Gemeinsame Anmerkung zu Nr. 25 und 26 § 1 Lohn FG*, in: Arbeitsrl. Praxis 53 (1973) S. 420–425

Matussek, P.: *Die Konzentrationslagerhaft und ihre Folgen*, Berlin/New York 1971

Overall, J. E.: *Standardisierte Beschreibung psychiatrischer Symptome*, in: Triangel (Sandoz) 8 (1968) S. 178–184

Plath, Sylvia: *Ariel*, London 1965 (deutsche Übersetzung erschienen im Suhrkamp Verlag, Frankfurt/Main 1974)

Pöldinger, W.: *Die Abschätzung der Suicidalität*, Bern/Stuttgart 1968

Pohlen, M.: *Die Abhängigkeitsthematik der Studenten*, in: Psyche 23 (1969) S. 762–771

Pohlmeier, H.: *Depression und Selbstmord*, München 1971

Ders./Biefang, S.: *Kann man Krankheit messen*, in: MMG (Stuttgart) 2 (1977)

Reimann, H.: *Die Mental health Bewegung*, Tübingen 1967

Reiner, A.: *Ich sehe keinen Ausweg mehr*, München/Mainz 1974

Ringel, E.: *Neue Untersuchungen zum Selbstmordproblem*, Wien 1961

Ders.: *Der Selbstmord. Abschluß einer krankhaften psychischen Entwicklung*, Wien 1953

Rost, H.: *Bibliographie des Selbstmordes*, Augsburg 1927

Roxin, C.: *Die Mitwirkung beim Suizid – ein Tötungsdelikt?* In: Dreher-Festschrift, Berlin 1977

Sartre, J. P.: *Ist der Existenzrealismus ein Humanismus* (Humanismusbrief), Zürich 1947

Simson, G.: *Die Suicidtat. Eine vergleichende Betrachtung*, München 1976

Stengel, E.: *Selbstmord und Selbstmordverhütung*, Frankfurt 1969 (englische Ausgabe London 1965)

Wagner, J.: *Selbstmord und Selbstmordverhinderung. Ein Beitrag zur Rolle der Nahrungsverweigerung im Gefängnis*, Karlsruhe 1975

Wedler, H. L.: *Selbstmord in Zeitz*, in: Suicidprophylaxe 3 (1976) S. 183–184

Wohmann, Gabriele: *Sein Tod ist nicht einladend,* in: Der Spiegel 35 (1976) S. 131–134

Gesellschaftliche Einflußgrößen auf die Selbstmordhandlung von Dipl. Soz. Rainer Welz

Boecker, F.: *Suicid und Suicidversuche in der Großstadt Köln,* Stuttgart 1973

Boehme, K.: *Suizidalität als Gegenstand psychiatrischer Forschung,* in: Suizidalprophylaxe 3 (1976) S. 163–179

Cavan, R. S.: *Suicide,* Chicago 1928

Dorpat, T. L./Boswell, J. W.: *An Evaluation on Suicide Intent in Suicide Attempts Comprehens,* in: Psychiatry 4 (1963) S. 117–125

Durkheim, E.: *Der Selbstmord,* Neuwied/Berlin 1973 (Orig.-Ausgabe: Paris 1897)

Farberow, N. L./Shneidman, E. S.: *A Study of Attempted Threatened and Completed Suicide,* in: J. Abn. Soc. Psychol. 50 (1955)

Dies. (Hrsg.): *The Cry for Help,* New York/Toronto/London 1961

Faris, L./Dunham, W. H.: *Mental Discorders in Urban Area. An Ecological Study of Schizophrenia and other Psychoses,* Chicago [1]1939

Kreitman, N.: *The Patient's Spouse,* in: Brit. J. Psychiatry 110 (1964) S. 159–173

Motto, J. A.: *Newspaper Influence on Suicide. A Control Study,* in: Arch. Gen. Psychiatry 23 (1970) S. 143–148

Neuringer, Ch.: *The Rorchach-Test as a Research Device for Identification, Prediction and Understanding of Suicidal Ideation and Behavior,* in: J. Proj. Tech. 29 (1965) S. 71–82

Parkin, D./Stengel, E.: *Incidence of Suicidal Attempts in an Urban Community*, in: Brit. Med. J. 2 (1965)
Pohlmeier, H.: *Depression und Selbstmord*, München 1971
Sainsbury, P.: *Suicide in London*, London 1955
Schmid, F. C.: *Suicides in Seattle 1914–1924. An Ecological and Behavioral Study*, University of Washington, in: Publications in the Social Sciences V (1928)
Ders.: *Suicides in Minneapolis*, Minnesota, 1928–1932, in: Am. J. Soc. 39 (1933) S. 30–48
Shneidman, E. S./Farberow, N. S.: *Statistical Comparisons between Committed and Attempted Suicides*, in: Farberow, N. L./Shneidman, E. S. (Hrsg.): *The Cry for Help*, New York 1961, S. 19–47
Stengel, E.: *Selbstmord und Selbstmordversuch*, Frankfurt/Main 1969

Die Mitwirkung beim Suizid als Problem des Strafrechts von Prof. Dr. jur. Claus Roxin

Améry, J.: *Hand an sich legen – Diskurs über den Freitod*, Stuttgart 1976
Berner, A. P.: *Lehrbuch des deutschen Strafrechts*, Leipzig [17]1868
Bringewat, P.: *Unbeachtlicher Selbsttötungswille und ernstliches Tötungsverlangen – Ein Widerspruch?* In: Eser, A. (Hrsg.): *Suizid und Euthanasie*, Stuttgart 1976
Engisch, K.: *Suizid und Euthanasie nach deutschem Recht*, in: Eser, A. (Hrsg.): *Suizid und Euthanasie*, Stuttgart 1976
Entscheidungen des Bundesgerichtshofs in Strafsachen (BGHSt), Band 19

Geilen, G.: *Suizid und Mitverantwortung*, in: Juristenzeitung 29 (1974) S. 145–151

Herzberg, R. D.: *Die Unterlassung im Strafrecht und das Garantenprinzip*, Berlin 1972 (s.a. Juristische Schulung 14 [1974] S. 379)

Kaufmann, A.: *Rechtsfreier Raum und eigenverantwortliche Entscheidung*, in: Zeitschrift für die gesamten Strafrechtswissenschaften 83 (1971) S. 251

Ringel, E. (Hrsg.): *Selbstmordverhütung*, Bern 1969

Roxin, C.: *Die Mitwirkung beim Suizid – ein Tötungsdelikt?* In: Dreher-Festschrift, Berlin 1977

Ders.: *Täterschaft und Tatherrschaft*, Berlin 1975 (1. Auflage 1963)

Schmidhäuser, E.: *Selbstmord und Beteiligung am Selbstmord in strafrechtlicher Sicht*, in: Welzel-Festschrift, Berlin 1974

Simson, G.: *Die Suizidtat. Eine vergleichende Betrachtung*, München 1976

Wagner, J.: *Selbstmord und Selbstmordverhinderung*, Karlsruhe 1975

Wessels, J.: *Strafrecht, Besonderer Teil*, 1. Halbband, Karlsruhe 1977

Präsuizidales Syndrom und Gesellschaftsstruktur
von Prof. Dr. med. Erwin Ringel und Dr. med. Gernot Sonneck

Alvarez, A.: *Der grausame Gott*, Hamburg 1974 (deutsche Übersetzung; englische Ausgabe: London 1971)

Améry, J.: *Hand an sich legen – Diskurs über den Freitod*, Stuttgart 1976

Durkheim, E.: *Der Selbstmord*, Neuwied/Berlin 1973 (Orig.-Ausgabe: Paris 1897)

Pöldinger, W.: *Die Abschätzung der Suizidalität*, Bern/Stuttgart 1968

Pohlmeier, H.: *Depression und Selbstmord*, München 1971

Ringel, E.: *Neue Untersuchungen zum Selbstmordproblem*, Wien 1961

Ringel, E.: *Der Selbstmord, Abschluß einer krankhaften psychischen Entwicklung*, Wien 1953

Stengel, E.: *Selbstmord und Selbstmordverhütung*, Frankfurt/Main 1969 (deutsche Übersetzung; englische Ausgabe: London 1965)

Das theologische Problem von Selbstmord und Selbstmordverhütung
von Dr. theol. Artur Reiner

Kautzky, R.: *Vortrag zur Krankenhausseelsorge*, gehalten in der Katholischen Akademie Hamburg, Hamburg 1977

Meier-Scheuch, K.: Unveröffentlichtes Manuskript

Reiner, A.: *Ich sehe keinen Ausweg mehr*, München/Mainz 1974

Anhang
Über die Autoren

Améry, Jean: Freier Schriftsteller.
Adresse: Avenue Coghen 56
1180 Brüssel
Belgien
Hauptarbeitsgebiet: Sozialkritik, Politik, Geschichte, Philosophie

Jörns, Klaus-Peter: Evangelischer Pfarrer. Professor Dr. theol.
Adresse: 5449 Gödenroth/Hunsrück
Hauptarbeitsgebiet: Verkündigung, Bibelauslegung

Kottusch, Wilma: Freischaffende Fernsehautorin und Regisseurin.
Adresse: Wallotstr. 7
1000 Berlin 33
Hauptarbeitsgebiet: Sozialkritische Dokumentation

Pohlmeier, Hermann: Psychiater und Psychoanalytiker. Professor Dr. med.
Adresse: Lehrstuhl Medizinische Psychologie
Humboldtallee 1 d
3400 Göttingen
Hauptarbeitsgebiet: Depression, Selbstmord, Medizinische Psychologie

Reiner, Artur: Katholischer Klinikpfarrer. Dr. theol.
Adresse: Albert-Mays-Str. 11 a
6900 Heidelberg
Hauptarbeitsgebiet: Suizid, Krankenhausseelsorge

Roxin, Claus: Hochschullehrer, Professor Dr. jur.
Adresse: Professor-Huber-Platz 2
8000 München 22
Institut für die gesamten Strafrechtswissenschaften der Universität München
Hauptarbeitsgebiet: Analyse rechtswidriger Handlungen

Ringel, Erwin: Psychiater und Psychoanalytiker, Professor Dr. med.
Adresse: Lazarettgasse 14
Psychosomatische Abteilung
A–1097 Wien
Hauptarbeitsgebiet: Selbstmordverhütung, Psychosomatische Medizin

Sonneck, Gernot: Wissenschaftlicher Assistenzarzt und Psychologe an der Psychiatrischen Klinik der Universität Wien, Leiter der Krisenintensivstation, Dr. med.
Adresse: Lazarettgasse 14
Psychosomatische Abteilung
A–1097 Wien
Hauptarbeitsgebiet: Empirische Suizidologie

Welz, Rainer: Wissenschaftlicher Mitarbeiter, Dipl.-Soz.
Adresse: Zentralinstitut für Seelische Gesundheit
6800 Mannheim 1, J 5
Hauptarbeitsgebiet: Suizidologie, Epidemiologie

Wohmann, Gabriele: Freie Schriftstellerin.
Adresse: Park Rosenhöhe 10
6100 Darmstadt
Hauptarbeitsgebiet: Roman, Literaturkritik

Anhang
Namen- und Sachregister